新学習指導要領対応

小学 2 年生

学校でも、家庭でも
教科書レベルの力がつく!

読解習熟プリント

大判サイズ
コピーしやすい!

宮崎 彰嗣 著

清風堂書店

はじめに

読解が苦手な子どもは、文章を読むことが苦手という場合がほとんどです。そこで本書は、「なんだか面白そう」「ちょっと読んでみよう」と思える内容を目指しました。

もし一回読んで悩んでいるようでしたら、もう一度文章を読んでみるよう声をかけてあげてください。答えのほとんどは、その中にあります。読むことがゴールへの近道なのです。

各学年で特に重要な項目は、低学年は「だれが」「どうした」という文の組み立ての基本。中学年は「つなぎ言葉」「こそあど言葉」など、文と文の関係や、段落の役割。高学年は「理由」「要約・主張」など、文章全体をとらえることです。

これらの項目の内容が無理なく身につくよう、易しい基礎問題から始め、つまずきやすいポイントは解説つきにしています。また、「読解に自信がある」という人も、まとめ問題でさらに自信を深めていけるようにしました。

本書が活用され、読解問題に楽しんで取り組む子どもが増えていくことを願います。

★改訂で、さらにわかりやすく・使いやすくなりました！

変わらない特長

○ 通常より細かなスモールステップで「わかる」！
○ 大事なところはくり返し練習で「わかる」「できる」！
○ 教科書レベルの力が身につく！

新しい特長

○ 学習項目ごとに、チェック→ワーク→おさらいの「3ステップ」。読解力の土台をつくる！
○ より実践的な「まとめ問題」で応用力がつく！
○ 答えに「ワンポイントアドバイス」つき
○ 読みやすくわかりやすい「太めの手書き風文字」

使い方

タイトルの学習項目の内容を中心に出題しています。

チェック

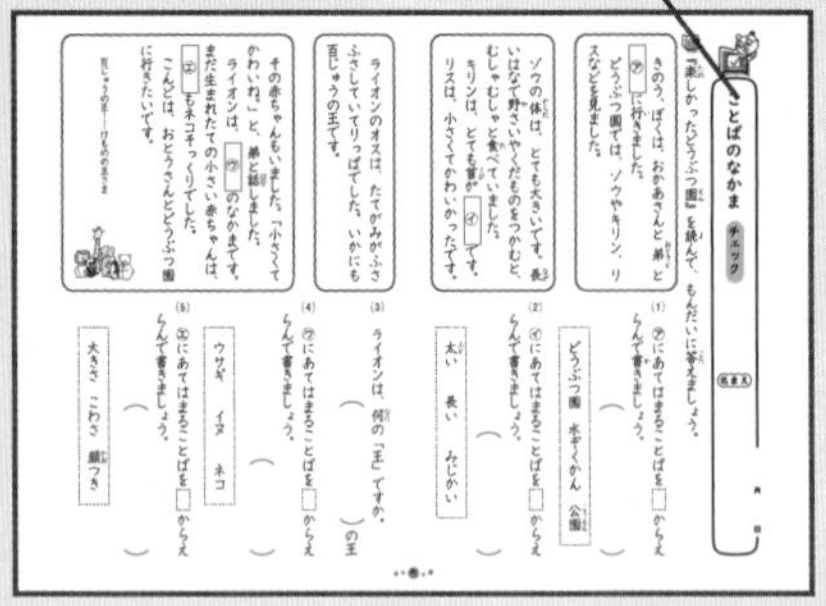

まずはうでだめし。問題を解いてみることで、自分の力をチェックできます。

ワーク

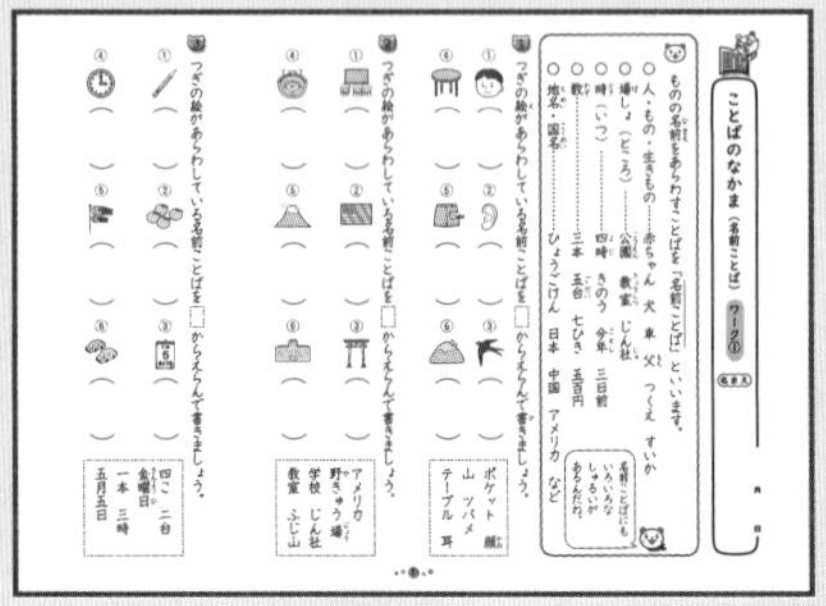

ワークの練習問題や解説で、理解が深まります。

おさらい

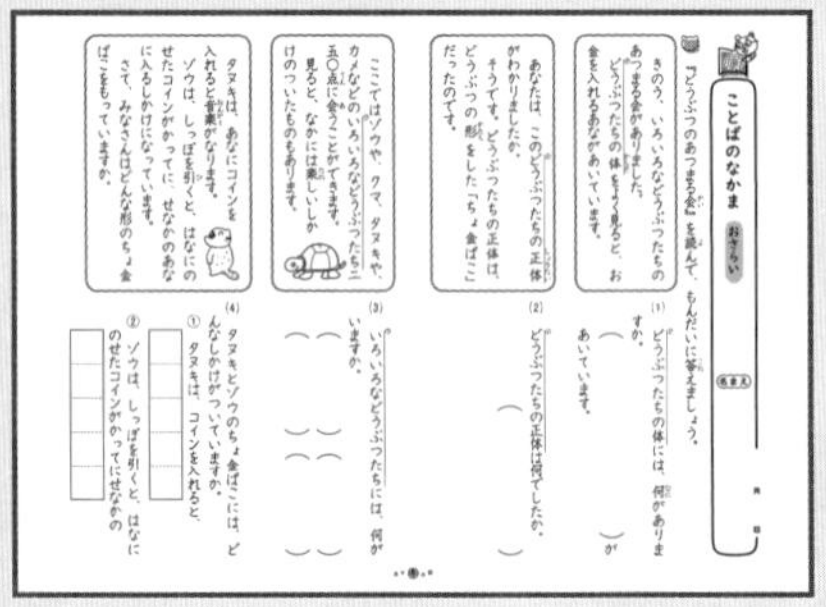

おさらいで、学んだ項目のしあげができます。

3ステップをくりかえすことで、読解力の基礎が身につく！

まとめ問題

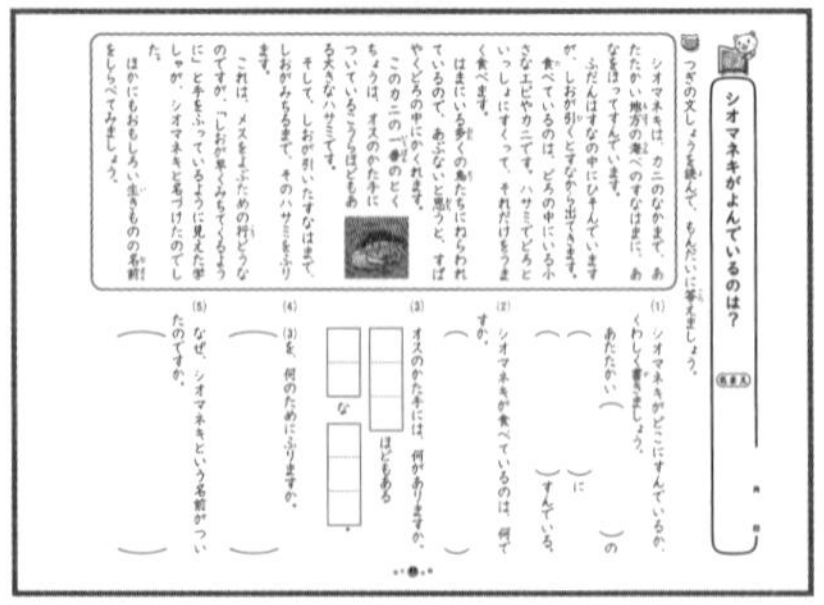

まとめ問題でさらに実践力がつきます。

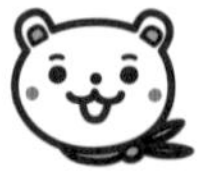

たのしいあそびページもあるよ♪

読解習熟プリント二年生　もくじ

きそもんだい

まとめもんだい

ことばのなかま

チェック

名まえ

月　　日

『楽《たの》しかったどうぶつ園《えん》』を読《よ》んで、もんだいに答《こた》えましょう。

きのう、ぼくは、おかあさんと弟《おとうと》と　㋐　に行《い》きました。
どうぶつ園では、ゾウやキリン、リスなどを見ました。

ゾウの体《からだ》は、とても大きいです。長《なが》いはなで野《や》さいやくだものをつかむと、むしゃむしゃと食《た》べていました。
キリンは、とても首《くび》が　㋑　です。
リスは、小さくてかわいかったです。

ライオンのオスは、たてがみがふさふさしていてりっぱでした。いかにも百じゅうの王です。

その赤ちゃんもいました。「小さくてかわいいね。」と、弟と話《はな》しました。
ライオンは、　㋒　のなかまです。まだ生まれたての小さい赤ちゃんは、　㋓　もネコそっくりでした。
こんどは、おとうさんとどうぶつ園に行きたいです。

百じゅうの王……けものの王さま

(1) ㋐にあてはまることばを□からえらんで書《か》きましょう。

（　　　　）

どうぶつ園　水ぞくかん　公園《こうえん》

(2) ㋑にあてはまることばを□からえらんで書きましょう。

（　　　　）

太《ふと》い　長い　みじかい

(3) ライオンは、何《なに》の「王」ですか。

（　　　　）の王

(4) ㋒にあてはまることばを□からえらんで書きましょう。

（　　　　）

ウサギ　イヌ　ネコ

(5) ㋓にあてはまることばを□からえらんで書きましょう。

（　　　　）

たのしさ　こわさ　顔《かお》つき

ことばのなかま（名前ことば）

ワーク①

名まえ

月　日

ものの名前《なまえ》をあらわすことばを「名前ことば」といいます。

○人・もの・生きもの……赤ちゃん　犬　車　父《ちち》　つくえ　すいか

○場《ば》しょ（ところ）……公園《こうえん》　教室《きょうしつ》　じん社《じゃ》

○時《とき》（いつ）……四時《よじ》　きのう　今年《ことし》　三日前

○数《かず》……三本　五台《ごだい》　七ひき　五百円

○地名《ちめい》・国名《こくめい》……ひょうごけん　日本　中国　アメリカ　など

名前ことばにも いろいろな しゅるいが あるんだね。

1 つぎの絵《え》があらわしている名前ことばを□からえらんで書《か》きましょう。

①  （　　）

②  （　　）

③  （　　）

④  （　　）

⑤ 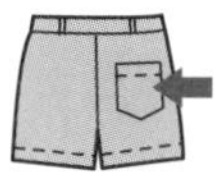 （　　）

⑥  （　　）

ポケット　顔《かお》　山　ツバメ　テーブル　耳

2 つぎの絵があらわしている名前ことばを□からえらんで書きましょう。

①  （　　）

②  （　　）

③  （　　）

④ 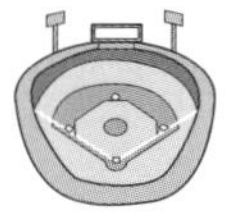 （　　）

⑤  （　　）

⑥ 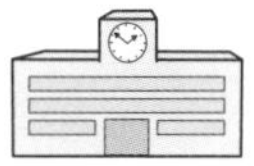 （　　）

アメリカ　野《や》きゅう場《じょう》　学校　じん社　教室　ふじ山

3 つぎの絵があらわしている名前ことばを□からえらんで書きましょう。

①  （　　）

②  （　　）

③ 

（　　）

④  （　　）

⑤ 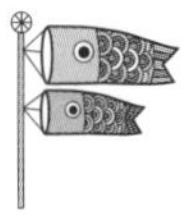 （　　）

⑥  （　　）

四こ　二台　金曜日《きんようび》　一本　三時　五月五日

ことばのなかま（うごきことば）

ワーク②

名まえ

月　日

うごきをあらわすことばを「うごきことば」といいます。

○ 人のうごき……歩《ある》く　のる　食《た》べる　ねる　にぎる
　考《かんが》える　思《おも》う　ひらめく　なく　わらう

○ もののうごき・はたらき……光《ひか》る　ふる　ひやす　鳴《な》る　はずむ　はじまる

○ ものがあるかないか……ある　ない　いる　いない　など

1 つぎの絵《え》があらわしているうごきことばを□からえらんで書《か》きましょう。

①  （　　　）

②  （　　　）

③  （　　　）

④  （　　　）

⑤  （　　　）

⑥  （　　　）

食べる　わらう
もぐる　のる
たたく　考える

2 つぎの絵があらわしているうごきことばを□からえらんで書きましょう。

①  （　　　）

② 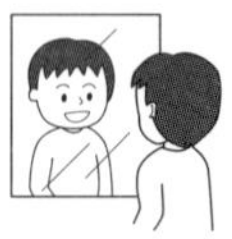 （　　　）

③  （　　　）

④  （　　　）

⑤  （　　　）

⑥  （　　　）

けす　ひやす
光る　うつる
はずむ　やく

3 「ある」や「いる」もうごきことばです。つぎの絵にあうように（　）にある・ない・いる・いないを書きましょう。

①

花びんが（　　　）㋐

花びんが（　　　）㋑

②

図書室《としょしつ》に人が（　　　）㋐

図書室に人が（　　　）㋑

月　日

ことばのなかま（ようすことば）

ワーク③

名まえ

ようすをあらわすことばを「ようすことば」といいます。

○色《いろ》・形《かたち》・大きさ……赤い　まるい　四角《しかく》い　大きい　小さい

○せいしつ……かたい　あつい　明《あか》るい　うつくしい

○音・うごき・形のようす……ざあざあ　ぺろぺろ　するする　など

〈れい〉風船《ふうせん》がふわふわととぶ。（かるいようすをあらわしている）

ひこうきがビューンととぶ。（はやいようすをあらわしている）

1 つぎの絵《え》があらわしているようすことばを□からえらんで書《か》きましょう。

① 
（　　）（　　）

② 
（　　）（　　）

③ 
（　　）（　　）

高《たか》い　あつい
少《すく》ない　ひくい
さむい　多《おお》い

2 つぎの絵があらわしているようすことばを□からえらんで書きましょう。

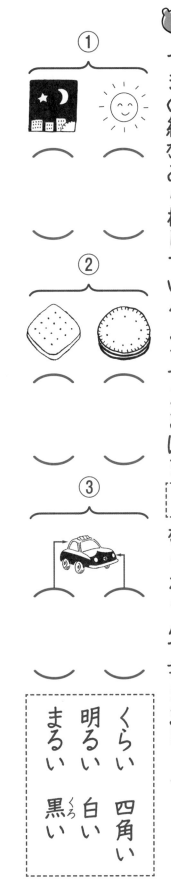

① 
（　　）（　　）

② 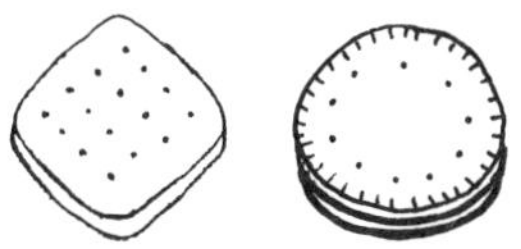
（　　）（　　）

③ 
（　　）（　　）

くらい　四角い
明るい　白い
まるい　黒《くろ》い

3 つぎの（　）にあてはまるようすことばを□からえらんで書きましょう。

① 雨が（　　）ふります。

② くつを（　　）あらった。

③ 風《かぜ》が（　　）とふきます。

④ ぶどうを（　　）食《た》べました。

ヒューヒュー
パクパク
ごしごし
ざあざあ

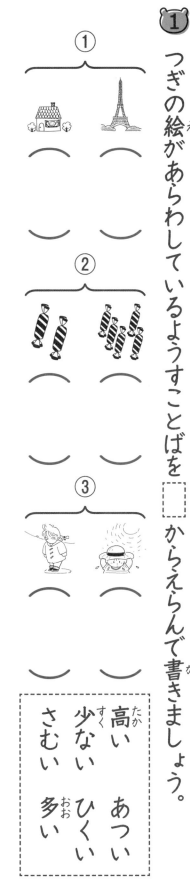

ことばのなかま

おさらい

名まえ

月　日

『どうぶつのあつまる会《かい》』を読《よ》んで、もんだいに答《こた》えましょう。

きのう、いろいろなどうぶつたちのあつまる会がありました。

㋐どうぶつたちの体《からだ》をよく見ると、お金を入れるあながあいています。

あなたは、この㋑どうぶつたちの正体《しょうたい》がわかりましたか。

そうです。どうぶつたちの正体は、どうぶつの形《かたち》をした「ちょ金ばこ」だったのです。

ここではゾウや、クマ、タヌキや、カメなどの㋒いろいろなどうぶつたち二五〇点《てん》に会《あ》うことができます。

見ると、なかには楽《たの》しいしかけのついたものもあります。

タヌキは、あなにコインを入れると音楽《おんがく》がなります。

ゾウは、しっぽを引《ひ》くと、はなにのせたコインがかってに、せなかのあなに入るしかけになっています。

さて、みなさんはどんな形のちょ金ばこをもっていますか。

(1) ㋐どうぶつたちの体には、何《なに》がありますか。

（　　　　）があいています。

(2) ㋑どうぶつたちの正体は何でしたか。

（　　　　）

(3) ㋒いろいろなどうぶつたちには、何がいますか。

（　　　　）（　　　　）（　　　　）（　　　　）

(4) タヌキとゾウのちょ金ばこには、どんなしかけがついていますか。

① タヌキは、コインを入れると、

② ゾウは、しっぽを引くと、はなにのせたコインがかってにせなかの

文のかたち

チェック

名まえ

月　日

1 『ライオンの家《か》ぞく』を読《よ》んで、もんだいに答《こた》えましょう。

ライオンは、とてもどうどうとしていて、いかにも百じゅうの王だ。

しかし、よく見ると、やはりネコのなかまで、生まれたての子どもは、顔《かお》つきもネコそっくりだ。

子どもは、かわいいですが、おとなになると大きくたくましくなります。

(1) ライオンは何《なに》ですか。

(　　　　)

(2) ライオンは何のなかまですか。

(　　　　)

(3) 生まれたての子どもは、どんなですか。

(　　　　)

2 『どうぶつ園《えん》でくらべよう』を読んで、もんだいに答えましょう。

きのう、わたしは、どうぶつ園に行《い》きました。

どうぶつ園では、ゾウやキリン、リスを見ました。

ゾウの体《からだ》はとても大きいです。

リスは小さくてかわいいです。

ゾウのはなや、キリンの首《くび》は、とても長いです。

またどうぶつ園に行きたいです。

(1) とても大きいものは何ですか。

□□の□

(2) リスはどんなですか。

(　　　　)

(3) 長いものは何ですか。

・□□の□□

・□□□の□

文のかたち（どうする文）

ワーク①

名まえ

月　日

「うごきことば」を中心《ちゅうしん》にした文を「どうする文」といいます。

れんさんが（は）歌《うた》う。

なにが（は）
だれが（は）
― どうする
どうした　。

1

つぎの絵《え》のようすをあらわす「どうする文」を書《か》きましょう。

① 

□ が ほ□□。

② 

□ が お□□。

犬
弟《おとうと》
おきる
ほえる

2

つぎの絵のようすをあらわす「どうする文」を□のことばで書きましょう。

① 

とびばこ　が　とびました　を

まさしさん ○ □ ○ □。

② 

空　とびます　を　が

ひこうき ○ □ ○ □。

③ 

は　しゅくだい　します　を

みどりさん ○ □ ○ □。

文のかたち（どんなだ文）

ワーク②

名まえ

月　日

「ようすことば」を中心《ちゅうしん》にした文を「どんなだ文」といいます。

花が（は）　うつくしい。

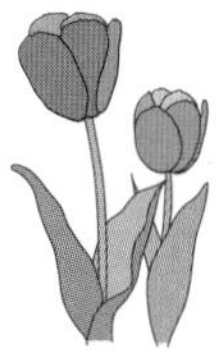

なにが（は）
だれが（は）
→ どんなだ。

1 つぎの絵《え》のようすをあらわす「どんなだ文」を書《か》きましょう。

①

□が　き□□□。

②

□は　か□□□。

赤ちゃん
花
きれいだ
かわいい

2 つぎの絵のようすをあらわす「どんなだ文」を□のことばで書きましょう。

①

とても　は　むずかしい　サッカー

□○□□。

②

ライオン　強《つよ》い　は　とても

□○□□。

③
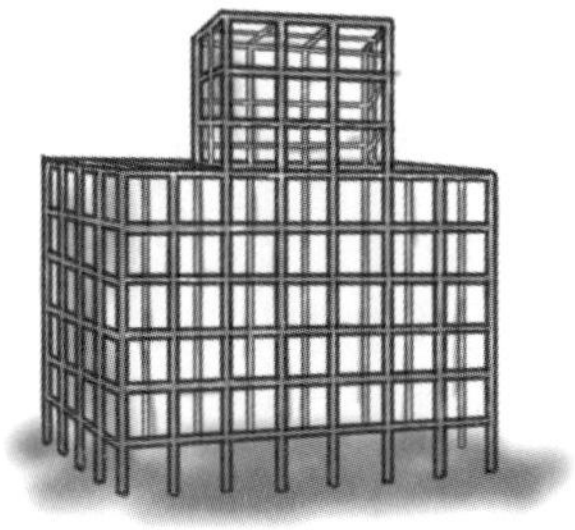
楽《たの》しい　ジャングルジム　公園《こうえん》　の　は

□○□○□。

文のかたち（なんだ文）

ワーク③

名まえ

月　日

「名前《なまえ》ことば」を中心《ちゅうしん》にした文を「なんだ文」といいます。

キリンは　どうぶつだ。

なにが（は）
だれが（は）
なにだ。

1 つぎの絵《え》のようすをあらわす「なんだ文」を書《か》きましょう。

①

（　　　）は　く（　　　）だ。

②

（　　　）は　の（　　　）だ。

くだもの
バナナ
のりもの
ひこうき

2 つぎの絵のようすをあらわす「なんだ文」を□のことばで書きましょう。

①

かわいい　パンダ　どうぶつだ　は

（　　　）○（　　　）（　　　）。

②

りかさんたち　は　の　友《とも》だちです　ぼく

（　　　）○（　　　）○（　　　）。

③

あそびだ　こままわし　は　むずかしい

（　　　）○（　　　）（　　　）。

文のかたち　おさらい

名まえ　　　　月　　日

1 いろいろな文しょうを読《よ》んで、もんだいに答《こた》えましょう。

(1)

けんさんは、せみの鳴《な》き声《ごえ》を聞《き》いています。

(2)

あすかさんはアイドルの歌《うた》を歌っています。

(1)
① 聞いているのは、だれですか。（　　　　）
② 何《なに》を聞いていますか。（　　　　）

(2)
① あすかさんは、何をしていますか。（　　　　）
② 何を歌っていますか。（　　　　）

2 『りかさんとわたし』を読んで、もんだいに答えましょう。

日曜日《にちようび》にわたしは、りかさんたちとあそびました。
おにごっこでは、りかさんがさいしょのおにになりました。
わたしはいそいでにげました。
しかし、りかさんにつかまっておにを交《こう》たいすることになりました。

(1) 「わたし」はりかさんたちと何をしましたか。（　　　　）

(2) さいしょにおにになったのは、だれですか。（　　　　）

(3) りかさんにつかまった「わたし」は、どうなりましたか。
（　　　　）を（　　　　）になった。

文の組み立て（しゅ語とじゅつ語）チェック

名まえ

月　日

いろいろな文しょうを読《よ》んで、もんだいに答《こた》えましょう。

(1)
かなめさんは、かくれんぼが大すきです。今日《きょう》も、りんさんたちとかくれんぼをします。

● かくれんぼが大すきなのは、だれですか。

（　　　　）

(2)
はじめに、おにになったのはゆきこさんでした。つぎに、おにになったのはゆきえさんです。

● はじめにおにになったのは、だれですか。

（　　　　）

(3)
お寺《てら》のかねの音は、とても大きいです。近《ちか》くをさらさらとながれる川の音は、小さいです。

● お寺のかねの音は、どんなですか。

（　　　　）

(4)
あたたかいやきいもは、さむいときに、とくにおいしいです。夏《なつ》に食《た》べたときは、あせをかきました。

● やきいもは、さむいときに、どうですか。

（　　　　）

(5)
お父《とう》さんは、新《しん》かん線《せん》のうんてんしです。わたしもなりたいな。

● お父さんは、何《なに》をしていますか。

（　　　　）

文の組み立て（しゅ語とじゅつ語）ワーク

名まえ

月　日

文の何《なに》が（は）だれが（は）にあたることばをしゅ語《ご》といいます。
どうする どんなだ なんだ にあたることばをじゅつ語といいます。

しゅ語	じゅつ語	
わたしが	およぐ。	（どうする文）
風《かぜ》が	つめたい。	（どんなだ文）
バスは	のりものだ。	（なんだ文）

つぎの文のしゅ語にあたることばに、——を引《ひ》きましょう。
じゅつ語にあたることばには、——を引きましょう。

（れい）雨が　ふる。

①　ゆう園地《えんち》は、楽《たの》しい。

②　お父《とう》さんは、先生だ。

③　お姉《ねえ》さんが、りょう理《り》を　作《つく》る。

④　弟《おとうと》が、公園《こうえん》で　あそぶ。

⑤　赤ちゃんが、すやすや　ねむって　いる。

⑥　ひろしくんは、なわとびの　名人です。

⑦　お母《かあ》さんは、バレーボールの　せん手です。

⑧　ゾウは、カバよりも　大きい。

文には、しゅ語とじゅつ語でないことばも出てくるから気をつけてね。

文の組み立て（しゅ語とじゅつ語）

おさらい

名まえ

月　日

1 『道《みち》あんない（？）する鳥《とり》』を読《よ》んで、もんだいに答《こた》えましょう。

セキレイは、川や池《いけ》などの水べにすむ鳥です。体《からだ》は細《ほそ》くて、おが長《なが》く、とてもきれいです。

この鳥は、人間《にんげん》をこわがらず、すぐ近くにまでよってきます。

そして、㋐人が歩《ある》く前《まえ》を、長いおを上下にふりながら、右、左にとびはねてトコトコ歩きます。

そのすがたが、㋑まるで道あん内《ない》しているみたいだ、といわれています。

(1) 川や池などの水べにすむ鳥は何ですか。

（　　　　）

(2) ㋐人が歩く前を、どのようにして歩きますか。

（　　　　）

(3) ㋑まるで何《なに》をしているみたいだ、といわれていますか。

（　　　　）

2 『ねらう鳥と、かくれるこん虫』読んで、もんだいに答えましょう。

こん虫はふつう、草むらや木の上で草やはっぱを食《た》べてくらしています。

そこに、鳥がやってきます。鳥は、とても目がよく、ねらったこん虫のうごきをとらえて食べてしまいます。

そこで、こん虫はかくれるわざをみにつけました。みどり色《いろ》の草にすむこん虫はみどり色に、㋐かれ草や木のみき、土の上にすむこん虫はちゃ色にと、㋑体の色をまわりの色にあわせるのです。

こうして、目のよい鳥からもみをかくすことができるのです。

(1) 鳥がねらったこん虫のうごきをとらえられる理《り》ゆうを書《か》きましょう。

（　　　　）

(2) ㋐体をちゃ色にするのはどこにすむこん虫ですか。

（　　　　）

(3) ㋑こん虫が体の色をまわりの色にあわせる理ゆうを書きましょう。

（　　　　）からも（　　　　）ができるから。

体のぶぶん

名まえ

月　日

1 体《からだ》のぶぶんをつかったことわざです。うすい字をなぞって、ことわざをかんせいさせましょう。

① かた をもつ
※ みかたをしたり、ひいきしたりすること。

② 手 にあまる
※ 自分《じぶん》の力では、どうにもならないこと。

③ ほね がおれる
※ とてもくろうすること。

④ 頭 をひやす
※ おちつきを、とりもどすこと。

2 顔《かお》のぶぶんをつかったことわざです。うすい字をなぞって、ことわざをかんせいさせましょう。

① まゆ をひそめる
※ いやなことのせいで顔をしかめること。

② 口 がかるい
※ 言《い》ってはいけないことをかんたんにぺらぺらしゃべってしまうこと。

③ 目 からうろこがおちる
※ あることがきっかけで、今《いま》までわからなかったことが、きゅうにわかるようになること。

④ はな をあかす
※ 人を出しぬいて、びっくりさせること。

文をくわしくすることば　チェック

名まえ

月　日

● いろいろな文しょうを読《よ》んで、もんだいに答《こた》えましょう。

(1) 多《おお》くのこん虫は、鳥《とり》がねむっている夜《よる》の間《あいだ》にうごくようにしています。

● こん虫は、いつうごきますか。

（　　　）

(2) パンを作《つく》ります。小麦《こむぎ》などのいろいろなざいりょうを、大きなきかいでねっていきます。
ねったざいりょうは、あたたかいへやにはこびます。

① 大きなきかいで何をねりますか。

（　　　）

② ねったざいりょうは、どこにはこびますか。

（　　　）

(3) カバはしっぽで、ふんをまきます。しっぽをぶんぶんとふって、あたりにふんをまきちらし、なわばりをしめすのです。

● カバはふんをまいて、何をしめしますか。

（　　　）

(4) ヤドカリは上手《じょうず》に、つぎにすむ貝がらを見つけだします。はさみをつかって、貝がらの大きさをはかります。中までていねいにしらべます。
おまけに、はさみで貝がらの中のそうじまでしてしまいます。

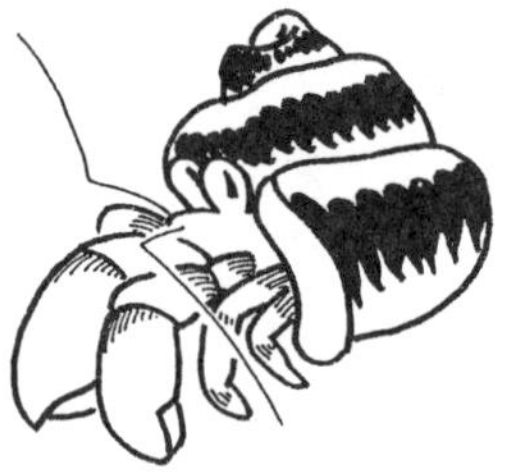

① はさみをつかって、何をはかりますか。

（　　　）

② 貝がらの中のそうじには、何をつかいますか。

（　　　）

文をくわしくすることば　ワーク①

名まえ

月　日

れい文にある□のことばは、しゅ語やじゅつ語をくわしくすることばです。

「だれ・ところ・いつ・どんな」などが書《か》かれています。

〈れい〉

（だれ）おばあさんの　→（しゅ語）チューリップが　（いつ）きょう　→（じゅつ語）さいた。

（ところ）どうぶつ園《えん》の　→（しゅ語）ぞうは　（どんな）とても　→（じゅつ語）大きい。

つぎの文の□や□をくわしくしていることばに〰〰を引《ひ》きましょう。

〈れい〉　赤い　車が　走《はし》る。

① ぼくの　いすは　青い。

② まきさんは　カマキリを　つかまえた。

③ 大つぶの　雨が　ザーザー　ふる。

④ さくらの　花びらが　風《かぜ》に　まう。

⑤ お父《とう》さんの　時《と》計《けい》は　かっこいい。

⑥ みどり色《いろ》の　ノートは　国《こく》語《ご》の　ノートだ。

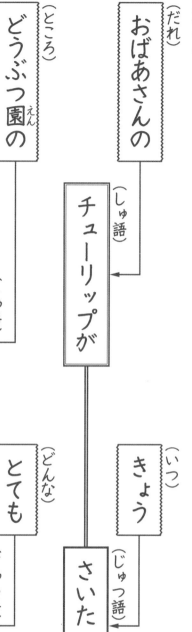

文をくわしくすることば　ワーク②

名まえ

月　日

1 つぎの□や□をくわしくしていることばに〜〜〜を引《ひ》きましょう。

① ぼくたちの　先生は　すてきです。

② 風船《ふうせん》が　風《かぜ》で　とばされた。

③ 七色《なないろ》の　にじが　空に　かかりました。

④ すずしい　風が　ヒューッと　ふいてきた。

⑤ おいしい　ケーキは　とぶように　売《う》れる。

⑥ わたしは　青い　ボールを　もっている。

⑦ 校ていの　さくらが　きれいに　さきました。

2 つぎの□にあてはまることばを□からえらんで書《か》きましょう。

① お母《かあ》さんは、□出かけました。

② □学しゅうが、もり上がった。

③ □話《はなし》は、楽《たの》しい。

④ □きゅう食《しょく》のメニューはビビンバだ。

⑤ 朝顔《あさがお》が□せい長《ちょう》した。

⑥ こん虫は、□くらしています。

買《か》いものに
校長先生の
草むらで
新《あたら》しい
ぐんぐんと
国語《こくご》の

文をくわしくすることば

おさらい

名まえ

月　日

1 『ミツバチの食《しょく》りょう』を読《よ》んで、もんだいに答《こた》えましょう。

ミツバチにとって、花のみつや花ふんは大切《たいせつ》な食りょうです。たくさんの草花の中からそれをさがすのは、大へんそうです。

ミツバチにはそのみつをかんたんにさがす力があります。

じつは目としょっ角《かく》に、花を見分《みわ》けるはたらきがあるのです。

(1) 花のみつや花ふんは、ミツバチにとってどんな食りょうですか。

［　　　］食りょう

(2) ミツバチの目としょっ角には、どんなはたらきがあるのですか。

（　　　　　　）

2 『遠足《えんそく》の計画《けいかく》を立てたけっか』を読んで、もんだいに答えましょう。

きのう、ぼくは、小学校の遠足でどうぶつ園《えん》に行《い》きました。

三日前《みっかまえ》に、はんの友《とも》だちと、どうぶつを見る計画を立てています。

はじめに、入口近《ちか》くのカバを見ました。カバはとても大きかったです。

そのあと、どうぶつ園のおくでキリンを見ました。キリンは、長《なが》い首《くび》をのばして、ほした草を食《た》べていました。

さいごは、出口近くのペンギンです。計画どおりに見ることができたので、友だちとハイタッチしました。

(1) 遠足でどこへ行きましたか。

［　　　　　］

(2) どうぶつを見たじゅんばんに名前《なまえ》を書《か》きましょう。

（　　　）（　　　）（　　　）

(3) 友だちとハイタッチした理《り》ゆうを書きましょう。

（　　　　　　から。）

こそあどことば

チェック

名まえ

月　日

『おさん歩《ぽ》絵《え》日記《にっき》』の絵を見てから文しょうを読《よ》んで、文中の（　）にあてはまることばを□からえらんで書《か》きましょう。

①

さん歩に出かけると、いつも通《とお》る道《みち》が工《こう》じ中でした。かんばんに、「（　）先、キケン！」と書いてありました。

こちら　この　あの

②

道をたずねられたので、近《ちか》くの公園《こうえん》をあん内《ない》しました。

「あちらには、池《いけ》があります。（　）には、広場《ひろば》があります。どちらを先に見ますか。」

こちら　あれ　どこ

③

さん歩中、きゅうにトイレに行《い》きたくなりました。出会《であ》った人に、「トイレは（　）にありますか。」と、たずねました。

すると、「この先にあります。」と、教《おし》えてくれました。

そこ　あれ　どこ

④

スーパーのかさ立てにかさをさして、買《か》いものをしました。帰《かえ》りに見ると、よくにたかさが、かさ立てに三本。

「（　）がぼくのかさだったかな。」と、なやんでしまいました。

どこ　どっち　どれ

こそあどことば

ワーク①

名まえ

月　日

ものや人をさすときに「これ」「それ」「あれ」「どれ」などのことばをつかいます。このことばを、こそあどことばといいます。

（自分《じぶん》に近《ちか》いもの）

（あい手に近いもの）

（どちらからも遠《とお》いもの）

（わからないもの）

	こ	そ	あ	ど
もの	これ	それ	あれ	どれ
こと	この	その	あの	どの
場《ば》しょ	ここ	そこ	あそこ	どこ
方《ほう》こう	こちら こっち	そちら そっち	あちら あっち	どちら どっち
ようす	こんな こう	そんな そう	あんな ああ	どんな どう

1 絵《え》を見て、文にあてはまることばに◯をつけましょう。

①

{これ／それ}は、ぼくのえんぴつです。

②

{あれ／どれ}は、ぼくのえんぴつです。

③

{これ／それ}は、ぼくのえんぴつです。

④

{あれ／どれ}が、きみのえんぴつですか。

2 絵を見て、（　）にあてはまることばを□からえらんで書《か》きましょう。

①

（　　　）は、ぼくのぼうしです。

［これ　それ］

②

（　　　）が、姉《ねえ》さんのかさかな。

［どっち　そっち］

こそあどことば

ワーク②

名まえ　　　　月　　日

いろいろな文しょうを読《よ》んで、もんだいに答《こた》えましょう。

① 友《とも》だちからもらった水玉のハンカチ。これはわたしのたからものです。

● これとは、何《なに》のことですか。

② 家《いえ》の近《ちか》くにさくら公園《こうえん》がある。そこは春《はる》になるとたくさんの花見きゃくでにぎわう。

● そことは、どこのことですか。

③ 赤い風船《ふうせん》が空にうかんでいる。あの風船はどこからとんできたのだろう。

● あの風船とは、どんなですか。

風船

④ むこうに白い教会《きょうかい》が見えるでしょう。あれはさい近《きん》たてられたものです。

● あれとは、何のことですか。

⑤ 今日《きょう》のしゅくだいは算数《さんすう》のプリントだけだ。このプリントがおわればあそびに行《い》ける。

● このプリントとは、何のことですか。

プリント

⑥ 家《か》ぞくで水ぞくかんに行きました。ここのイルカショーはゆう名《めい》です。

● ここはどこのことですか。

家ぞくで行った

⑦ ワールドカップで、ごうかいなシュートを見た。あんなシュートをしてみたい。

● あんなとは、どんなシュートですか。

シュート

名まえ

月　日

1 『アリジゴクのわな』を読《よ》んで、もんだいに答《こた》えましょう。

さらさらした土に、すりばち※のような形《かたち》をしたくぼみを見つけた。㋐そこには、アリジゴクというこん虫がすみ、その中心《ちゅうしん》で、アリがおちてくるのをまっている。

おちてしまうと、㋑もうにげられない。くぼみの中は足がすべり、地上《ちじょう》に上がれないからだ。そして、㋒この虫がもつ体《からだ》の半分《はんぶん》もある大きなあごで、つかまえられ、食《た》べられてしまうのだ。

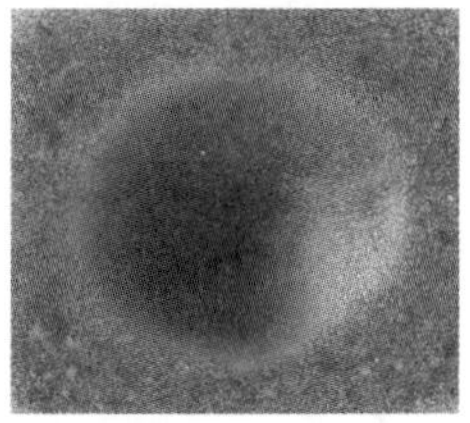

※すりばち……ごまなどをこすってつぶすためのうつわ。

(1) ㋐そこ とは、どのような場《ば》しょですか。

（　　　　）した土で、（　　　　）の形をしたくぼみ。

(2) ㋑もうにげられないのは、なぜですか。

（　　　　　　　　）から。

(3) ㋒この虫 とは、何《なん》ですか。

（　　　　）

2 『森の中のオットセイ』を読んで、もんだいに答えましょう。

海《うみ》にすむはずのオットセイ。その子どもたちが、川をのぼって森の中のたきつぼにいました。

ようすをのぞいてみます。㋐では、もうスピードでおよいだり、ジャンプしたり、岩《いわ》によじのぼったり、とびこんだりと、楽《たの》しそうにあそんでいます。

㋑はなぜか。ここは、てきがいないとてもあんぜんな場しょだからです。

そして、㋒これらのあそびは、大きくなったときのかりのうごきのれんしゅうにもなっています。

(1) ㋐と㋑にあてはまることばを［　］からえらんで書《か》きましょう。

あちら　それ　そこ

㋐（　　　　）　㋑（　　　　）

(2) ㋒これらのあそびとは、何のことですか。

（　　　　）（　　　　）（　　　　）（　　　　）

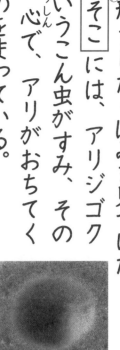

つなぎことば　チェック

名まえ

月　日

いろいろな文しょうを読《よ》んで、もんだいに答《こた》えましょう。

(1)

ヤドカリは、体《からだ》がやわらかいので、てきからみをまもるために貝がらをかりています。

㋐、かりものの貝がらは、体が大きくなってくるときゅうくつになります。

㋑、せまくなった貝がらをすてて、少《すこ》し大きいものに引《ひ》っこしします。

① ヤドカリが、てきからみをまもるためにしていることは何《なん》ですか。

（　　　　　　　　）います。

② ㋐と㋑にあてはまることばを□からえらんで書《か》きましょう。

㋐（　　　　）　㋑（　　　　）

ところが　そのうえ　そこで

(2)

日曜日《にちようび》、ぼくはあきらくんたちと魚《さかな》とりに行《い》きます。

㋒、お父《とう》さんにもらったあみとバケツをよういしました。

㋓、バケツにはあながありました。

① ㋒にあてはまることばをえらんで○をつけましょう。

（けれど　それから　それで）

② ㋓にあてはまることばをえらんで○をつけましょう。

（また　しかし　それから）

(3)

おにごっこはふつう、おにがにげる子にタッチすると、おにを交《こう》たいしていくルールです。

㋔、中には交たいではなく、二人《ふたり》、三人《さんにん》……、とおにがふえる「ふえおに」もあります。

① ㋔にあてはまることばをえらんで○をつけましょう。

（しかし　つまり　だから）

② ふつうとはちがうおにごっこのルールとは何ですか。

（　　　　　　　　）ふえる

つなぎことば　ワーク①

名まえ

月　日

つなぎことばは、ことばとことば、文と文をつなぐはたらきをします。

〈れい〉雨がふってきた。（理《り》ゆう）→ **だから**、遠足《えんそく》は中止《ちゅうし》だ。（思《おも》った通《とお》りのけっか）

雨がふってきた。（理ゆう）→ **しかし**、遠足に行《い》った。（思った通りでないけっか）

それで・すると

けれども・ところが・だが

○前《まえ》のことがらにつづけるとき。
〈また・および〉

○どちらかをえらぶとき。
〈それとも・または・あるいは〉

○前のことがらにつけくわえるとき。
〈それに・そのうえ・なお・さらに〉

○話《はなし》がかわるとき。
〈さて・つぎに・ところで〉

つぎの（　）にあてはまるつなぎことばを□からえらんで書《か》きましょう。

(1)
① かぜをひいた。（　　）、マスクをした。
② 雨がふってきた。（　　）、しあいはあった。
③ 左へすすもうか。（　　）、右へすすもうか。
④ 姉《あね》はスポーツができる。（　　）、絵《え》も上手《じょうず》だ。

さらに　だから　けれども　それとも

(2)
① 電車《でんしゃ》でも行ける。（　　）、バスでも行ける。
② ぼくは、こう思う。（　　）、きみはどう思う。
③ あの人と、よく出会《であ》う。（　　）、家《いえ》が近《ちか》いからだ。
④ ねつが高《たか》かった。（　　）、学校を休んだ。

なぜなら　また　ところで　それで

つなぎことば ワーク②

名まえ

月　日

1 つぎの□にあてはまることばを[　]からえらんで書《か》きましょう。

① 今夜《こんや》は、星《ほし》がたくさん見えます。
□、明日《あす》はきっと、晴《は》れるでしょう。

② こんどのお休みは山へ行《い》こうか。
□、海《うみ》へ行こうか。

③ 学校へ行きました。
□、校門《こうもん》でゆなさんに会《あ》いました。

④ かさをもって出かけました。
□、雨はふりませんでした。

[それとも　だから　すると　ところが]

2 （　）にあてはまるつなぎことばを[　]からえらんで記《き》ごうで書きましょう。

① [㋐しかし　㋑だから　㋒そのうえ]

ケーキを食べた。
（　）アイスも食《た》べた。
（　）もっと食べたい。
（　）おなかいっぱいだ。

② [㋐それで　㋑けれど　㋒さらに]

今日《きょう》は図工《ずこう》がある。
（　）朝《あさ》からうれしい。
（　）体《たい》いくもある。
（　）絵《え》の具《ぐ》をわすれた。

3 つぎの文のつなぎことばとして、あてはまることばに○をつけましょう。

① 電車《でんしゃ》で行こうか。{ それとも / そして } バスで行こうか。

② 友《とも》だちがふでばこをわすれた。{ けれど / それで } ぼくはえんぴつをかした。

③ 弟《おとうと》はまだ小さい。{ しかし / だから } 夜《よる》は一人でねている。

つなぎことば

おさらい

名まえ

月　日

1 『カタツムリは何《なに》のなかま?』を読《よ》んで、もんだいに答《こた》えましょう。

あたたかい春《はる》の雨がふり出しました。

㋐［　　］、カタツムリは、エサをもとめて木のはの上などをはいまわります。

カタツムリは、もともと海《うみ》にすんでいる貝のなかまなのです。㋑だから、いつも体《からだ》がかわかないように、体からねばねばしたえきを出して、自分《じぶん》の体をつつんでいます。

(1) ㋐にあてはまることばを［　］からえらんで書《か》きましょう。

（　　　　）

すると　ところが　それは

(2) カタツムリは何のなかまですか。

（　　　　）

(3) ㋑だからどうしていますか。

体から（　　　　）を出して、

（　　　　）をつつんでいます。

2 『おにごっこのルール』を読んで、もんだいに答えましょう。

おにごっこはふつう、一人《ひとり》のおにがにげる子にタッチすると、おにを交《こう》たいしていくルールです。

㋐［　　］、中には交たいではなく、二人《ふたり》、三人《さんにん》、とおにがふえる「ふえおに」もあります。

㋑［　　］、タッチされた子は、その場《ば》でこおってとまる「こおりおに」もあります。

㋒［　　］、おにがにげる子をつかまえられなくなる場しょをつくる「高《たか》おに」というルールもあります。

(1) ㋐・㋑・㋒にあてはまることばを［　］からえらんで書きましょう。

㋐（　　　　）　㋑（　　　　）

㋒（　　　　）

さらに　けれども　また

(2) ふつうのおにごっこのルールを（　）に書きましょう。

（　　　　）のおにが（　　　　）にタッチして、おにを（　　　　）していくルール。

ことわざぬりえ！

名まえ　　月　日

ことわざを読《よ》みながらなぞりましょう。つぎに下からあてはまるものをえらんで、ぬりえカードは□に、いみは□に記《き》ごうで書《か》きましょう。

（ことわざ）

① 七ころび八おき □ □

② 花よりだんご □ □

③ さるも木からおちる □ □

④ 石ばしをたたいてわたる □ □

⑤ ねこに小ばん □ □

⑥ ちりもつもれば山となる □ □

（ぬりえカード）

あ

い

う

え

お

か

（いみ）

ア どんな上手《じょうず》な人にでも、しっぱいはあること。

イ とても気をつけて行《こう》どうすること。

ウ ほんの少《すこ》しのことでも、やりつづけると、大きなことになるということ。

エ なんどしっぱいしても、やり直《なお》すこと。

オ ただの見た目のよいものより、中《なか》みのあるものの方《ほう》がよいこと。

カ どんなにねうちのあるものも、ねうちのわからない人には、むだなものであること。

いつ・どこ・何　チェック

名まえ

月　日

『チューリップの花』を読《よ》んで、もんだいに答《こた》えましょう。

あたたかい春《はる》になると、学校の花だんに㋐チューリップやパンジーの花がきれいにさきます。

パンジーはたねからそだてますが、チューリップは㋑きゅうこんからそだてます。

きゅうこんは、たまねぎのような形《かたち》をしています。

この中には、さむい冬《ふゆ》をすごし、めを出すためのよう分《ぶん》がたくわえられています。

チューリップのきゅうこんは、秋《あき》にうえます。

冬のさむい間《あいだ》に根《ね》がのび、冬のおわりにあたたかくなると、チューリップのめが、少しずつ地《じ》めんから顔《かお》を出します。やがて、あつくてじょうぶなはを広《ひろ》げます。

はは太《たい》ようの光《ひかり》をうけて、どんどん㋒よう分《ぶん》を作《つく》ります。

はが広がると、中から花のつぼみが出てきます。つぼみをつけたくきは、さらにぐいぐいとのびていきます。

そうして、㋓チューリップの花がさくのです。

(1) ㋐チューリップやパンジーの花がさいているのは、どこですか。

（　　　　　　　）

(2) ㋑きゅうこんからそだてる花は、何《なん》ですか。

（　　　　　　　）

(3) ㋑の中には、何のための何が入っていますか。

（　　　　　　　）ための（　　　　　　　）

(4) チューリップのきゅうこんをうえるのは、いつですか。

（　　　　　　　）

(5) ㋒よう分は、どのようにして作りますか。

（　　　　　　　）

(6) ㋓チューリップの花がさくのは、いつごろですか。

（　　　　　　　）

いつ・どこ・何

ワーク①

名まえ

月　日

文には、「いつ・どこ・何《なに》」をくわしくすることばがあります。

(しゅ語)	(いつ)	(どこ)	(何)	(じゅつ語)
ぼくは	きのう	学校で	つくえを	ふきました。
わたしは	おとつい	うんどうじょうへ	あそびに	いきました。

1 つぎの文から、いつ　どこ　何　をさがして書《か》きましょう。

① わたしは　きのう　家《いえ》で　しゅくだいを　しました。
（　　）（　　）（　　）

② 冬《ふゆ》になると、　雪国《ゆきぐに》では　家のやねに　雪が　つもります。
（　　）（　　）（　　）

2 〜〜を引《ひ》いたことばは、いつ　どこ　何　のどれですか。（　）に書きましょう。

① きのう、遠足《えんそく》で、ひこうきを見に行《い》きました。（　　）

② 朝《あさ》、ぼくは、ランニングをしてから学校へ行く。（　　）

③ 今日《きょう》のほうかごに、公園《こうえん》で、おにごっこをしてあそびます。（　　）

④ わたしは、台《だい》どころで、ごはんをたきます。（　　）

⑤ お兄《にい》さんは、むかし、川でおよいだことがあります。（　　）

⑥ 来年《らいねん》の春《はる》には、妹《いもうと》が一年生になります。（　　）

⑦ きゅうきゅう車がすごいスピードでほかの車をぬきました。（　　）

いつ・どこ・何　ワーク②

名まえ

月　日

文しょうを読《よ》んで、「いつ・どこ・何《なに》」を読みとれるようになりましょう。絵《え》がなくても、文しょうからそのようすをそうぞうできるようになります。

『コアラの赤ちゃん』を読んで、「いつ・どこ・何」を読みとりましょう。

木の上でかわいい赤ちゃんをせなかにおんぶしている㋐コアラを、よく見かけませんか。

このコアラのメスのおなかには、カンガルーと同《おな》じようにふくろがついています。㋑赤ちゃんは生まれてしばらくは、そのふくろの中でそだてられます。

㋒コアラの赤ちゃんはだんだん大きくなっていくと、おなかのふくろから自《じ》分《ぶん》の力で出《で》ます。そして、つぎにお母《かあ》さんのせなかによじのぼり、おんぶをしてもらうのです。

コアラは、もともと㋓木のえだをしっかりにぎるためのつめが、前後《ぜんご》の足についています。赤ちゃんにも同じようにつめがついていて、お母さんのせなかにつかまっていられます。

(1) ㋐コアラは、体《からだ》のどこに、何をおんぶしていますか。

（　　　）に（　　　）

(2) ㋑赤ちゃんは、どのくらいの間《あいだ》、メスのおなかのふくろでそだてられますか。

（　　　）

(3) ㋒コアラの赤ちゃんは、どうなるとふくろを出ますか。また、つぎにどこに行きますか。

どうなると（　　　）

どこに（　　　）

(4) ㋓木のえだをしっかりにぎるためのものとして、コアラの体には何がどこについていますか。

何が（　　　）

どこに（　　　）

いつ・どこ・何

おさらい

名まえ

月　日

『こん虫の王さま　カブトムシ』を読《よ》んで、もんだいに答《こた》えましょう。

（ア）こん虫の王さまとよばれ、たいへん人気があるカブトムシ。

昼《ひる》の間《あいだ》は、木のねや土の中で（イ）休んでいます。林が夕やみにつつまれるころに、近《ちか》くの木にのぼりはじめました。

木をしばらくのぼると、カブトムシは大きく羽《はね》を広《ひろ》げてとび立ちます。食《た》べものであるクヌギやコナラの木のしるを（ウ）さがすのです。

木のしるは木のみきのきずがついたところから出ていて、虫たちにとって大切《たいせつ》な食べものです。

しかし、木のしるがたくさん出る木はそんなに多くはありません。

ですから、たくさんしるの出る木には多《おお》くのこん虫があつまり、どうしても（エ）あらそいがおきます。

カブトムシたちの体《からだ》のぶつけあい、角《つの》でのおしあいは、（オ）はく力まん点《てん》です。

たたかい、ライバルをおいはらった強《つよ》いカブトムシは、夜《よ》が明《あ》けるまでおいしい木のしるをなめることができます。

やがて、東《ひがし》の空が明《あか》るくなるころ、かれらはねぐらに（カ）帰《かえ》っていきます。

※ねぐら…ねたり休んだりするばしょ。

(1) （ア）こん虫の王さまとよばれているのは、何《なん》ですか。

（　　　　）

(2) カブトムシはいつ、どこで、（イ）休んでいますか。

いつ（　　　　）

どこで（　　　　）

(3) カブトムシが（ウ）さがすのは、何ですか。

（　　　　）

(4) こん虫たちの（エ）あらそいがおきるのは、どこですか。

（　　　　）

(5) （オ）はく力まん点なのは、何ですか。

カブトムシたちの（　　　　）ぶつけあいと、（　　　　）おしあい。

(6) カブトムシが（カ）帰っていくのは、どこへですか。

（　　　　）

どのように・なぜ　チェック

名まえ

月　日

1 『しっぽは、はたらきもの』を読《よ》んで、もんだいに答《こた》えましょう。

リスのしっぽは、はたらきもの。

えだの上を走《はし》るとき、㋐しっぽを左右にふりふりするよ。おちないようにうまくバランスとれるから。

木からとび下りるとき、しっぽを大きく広《ひろ》げるよ。㋑パラシュートのようにふわりと下りられるから。

㋒イルカのおひれも、はたらきもの。

海《うみ》を自《じ》ゆうにおよぐとき、うちわのように上下にふるよ。

すごいスピード出せるから。

(1) えだの上を走るとき、㋐しっぽを左右にふりふりするのは、なぜですか。

（　　　　　　）

(2) ㋑パラシュートのようにふわりと下りられるのは、どのようにしているからですか。

（　　　　　　）

(3) ㋒イルカのおひれをふるときは、どのようにしますか。

（　　　　　　）

2 『わたしの名前《なまえ》』を読んで、もんだいに答えましょう。

わたしは、野原《のはら》にたくさん友《とも》だちがいる。わたしたちをつかって草かんむりや花かざりができるよ。

むかし、はこにガラスなどのわれものを入れておくるとき、ガラスがわれないようにわたしたちをたくさんつめたみたい。

だから、㋐「つめくさ」って名前ももってるの。

四つばのわたしたちを見つけると、「しあわせになれる」とよくきくね。

野原でわたしを見つけたら、しあわせになれるかも。

わたしは、クローバー。

(1) ㋐なぜ「つめくさ」ともよばれているのですか。

ガラスがわれないようにわたしたちをたくさん［　　］に［　　　］から。

(2) 何を見つけたら、しあわせになれますか。

（　　　　　　）

(3) この文しょうのわたしは、何をさしていますか。

（　　　　　　）

どのように・なぜ

ワーク①

名まえ

月　日

文しょうには、「どのように」をくわしくすることばがあります。「〜のように」ということばがあると見つけやすいです。

● いろいろな文しょうを読んで、「どのように」を読みとりましょう。

(1) カタツムリは、晴《は》れの日には、木のはのかげや草のねもとにかくれています。

● 晴れの日には、カタツムリはどこにかくれていますか。

（　　　　）

(2) ゾウは、長《なが》いはなを手のようにつかって、ものを食《た》べる。

● ゾウは、長いはなをどのようにして食べますか。

（　　　　）

(3) そうたさんは、木のかげにかくれました。大きな木は、そうたさんをすっぽりとかくしてくれました。

● 大きな木は、そうたさんをどのようにしてくれましたか。

（　　　　）

(4) チョウは、花にとまると、まずストローのような口をのばします。花のおくにあるみつをすうためです。

● チョウは、みつをすうためにまずはどのようにしますか。

（　　　　）

(5) けいこさんが、ふだんよりおとなしくしていると、おばさんに「かりてきた、ねこみたいだね」と、言《い》われてしまいました。

● けいこさんは、どのようにしていると、「かりてきた、ねこみたいだね」と言われてしまいましたか。

（　　　　）

どのように・なぜ

ワーク②

名まえ

月　日

文しょうには、「なぜ」をくわしくすることばがあります。「〜だから」や「〜のため」などというように理《り》ゆうを話《はな》している文しょうです。

いろいろな文しょうを読《よ》んで、「なぜ」を読みとりましょう。

(1) カバはしっぽをふって、ふんを㋐まきます。あちこちにつけたふんのにおいで「ここは、おれの場《ば》しょだ」と知《し》らせているからです。

● カバはどのようにふんを㋐まきますか。

（　　　　　　　　　　）

(2) ダンゴムシは、㋑体《からだ》を丸《まる》くすることができます。これは、てきから、みをまもるためです。

● ダンゴムシは、なぜ㋑体を丸くすることができるのですか。

（　　　　　　　　　　）ため。

(3) ヤドカリは、見つけた㋒貝がらをはさみでていねいにしらべます。これから、自分《じぶん》が入るのにちょうどよい大きさの貝をさがすためです。

● ヤドカリは、なぜ㋒貝がらをていねいにしらべますか。

自分が入るのにちょうどよい

（　　　　　　　　　　）ため。

(4) 日曜日《にちようび》は㋓魚《さかな》とりに行《い》きます。なぜなら、あきらさんとのやくそくだからです。

● なぜ、あきらさんと㋓魚とりに行きますか。

（　　　　　　　　　　）から。

(5) ぼくは、㋔土曜日がまちどおしいです。この前《まえ》、買《か》ってもらったあみとバケツを早くつかいたいからです。

● なぜ、㋔土曜日がまちどおしいのですか。

（　　　　　　　　　　から。）

どのように・なぜ

おさらい

名まえ

月　日

『ラッコさんにインタビュー！』を読《よ》んで、もんだいに答《こた》えましょう。

㋑…インタビュアー　㋶…ラッコ

㋑：㋐ラッコさんは、なかまのイタチさんやカワウソさんとはちがって、海《うみ》にすんでいらっしゃいますよね。

㋶：そうなんです。海水《かいすい》のつめたいところにすんでいますよ。

㋑：でも、じつはおよぎがにが手とお聞《き》きしましたよ。

㋶：はい、だから食《た》べるものは、つかまえやすい㋑貝やウニなんです。

㋑：あおむけにうかんだまま、おなかにのせた㋒貝を石でわって食べてらっしゃるのがゆう名《めい》ですよね。

㋶：とくいなんですよ。子どももおなかにのせてそだてますしね。

㋑：㋓すごい！　よくういてられますね。

㋶：じつは、わた毛《げ》みたいなフワフワな毛《け》が、ぎっしりと生えているんです。その毛の間《あいだ》に空気が入ると、体《からだ》が㋔うきやすいんです。しかも、その空気のおかげでつめたい水中でも、体がひえないんです。

㋑：へー、ふしぎですね。

㋶：ねるときも、ういたままですよ。㋕しおにながされないように、こんぶなどの大きな海そうを体にまきつけていますけどね。

㋑：お話《はなし》、ありがとうございました！

(1) ㋐ラッコがなかまのイタチやカワウソとちがうところは、何《なん》ですか。

（　　　　　　　　）

(2) つかまえやすい㋑貝やウニを食べているのは、なぜですか。

（　　　　　　　　）だから。

(3) ラッコが㋒貝を石でわってるときは、どのようなしせいですか。

（　　　　　　　　）

(4) インタビュアーが「㋓すごい！」と言《い》ったのは、前《まえ》の文の何についてですか。

（　　　　　　　　）こと。

(5) ラッコが水に㋔うきやすいのは、なぜですか。

（　　　　　　　　）が生えていて、その（　　　　　　　　）入ると、うきやすくなるから。

(6) ㋕しおにながされないために、どのようなことをしていますか。

（　　　　　　　　）

カタツムリが見たいなら

名まえ

月　日

つぎの文しょうを読《よ》んで、もんだいに答《こた》えましょう。

ふり出すあたたかい春《はる》の雨。からをせおったカタツムリが、えさをもとめて木のはの上などを㋐はいまわりだします。

カタツムリのえさは、やわらかいわかばや木のめです。ざらざらしたしたで、はっぱをけずりとるようにして食《た》べます。

［㋑］、雨上がりやしめり気の多《おお》い夜《よる》にも、さかんにすがたをあらわします。

そんなカタツムリですが、晴《は》れた日やかんそうした日には、すがたをあらわしません。木のはや草のねもとにかくれているのです。

なぜなのでしょう。

それはカタツムリが、もともと海《うみ》にすむ貝のなかまで、かんそうに弱《よわ》いからです。いつも体中《からだじゅう》をねばねばしたえきでつつんでいるのは、体がかわかないようにするためです。

㋒雨の日や夜にしか見られないのはそのためなのです。

(1) ㋐はいまわりだしたのは何をするためですか。

（　　　　　　　　）

(2) カタツムリのえさは何ですか。

（　　　　　　　　）

(3) ㋑にあてはまることばを□からえらんでかきましょう。

（　　　　　　　　）

そして　それから　けれども

(4) 晴れた日やかんそうした日にはどうしていますか。

（　　　　　　　　）

(5) カタツムリはもともと何のなかまでしたか。

［　　　　　］のなかま

(6) ㋒のときしか見られないのは、なぜですか。理由をかきましょう。

（　　　　　　　　）

コアラの赤ちゃん

名まえ　　　　　　月　　日

つぎの文しょうを読《よ》んで、もんだいに答《こた》えましょう。

木の上で、かわいい赤ちゃんをおんぶして子もりをするコアラ。顔《かお》がクマににていることから、㋐子もりグマともよばれています。

このコアラのメスのおなかには、カンガルーと同《おな》じように赤ちゃんをそだてるふくろがあります。

小ゆびより小さい大きさで㋑生まれてきた赤ちゃんは、自分《じぶん》の力で上がってそのふくろに入ります。そして、中にある母親《ははおや》のおちちをのんでせい長《ちょう》します。

少《すこ》しずつ大きくなってくると、㋒ふくろから顔を出すようになります。

さらにせい長するとふくろから出て、つぎは母親のせなかまで、自分の力ではいあがるのです。

このように赤ちゃんでも力があるのには理《り》ゆうがあります。

コアラは、食《た》べものが㋓ユーカリのはだけなので、ほとんどユーカリの木の上でくらしています。そのため、つかみやすい形のつめと、力の強《つよ》い前後《ぜんご》の足をもっています。

だから、親のせなかにも㋓ずっとつかまっていられるのです。

(1) ㋐子もりグマとよばれているのは、なぜですか。

（　　　　　　　　　　　　　　　　）

（　　　　　　　　　　　　　　　　）

(2) ㋑生まれてきた赤ちゃんの大きさはどのくらいの大きさですか。また、何をのんでせい長しますか。

大きさ（　　　　　　　　　　　　）

のむもの（　　　　　　　　　　　）

(3) コアラの㋒ふくろは、どこについていますか。

（　　　　　　　　　　　　　　　　）

(4) コアラがほとんど㋓ユーカリの木の上でくらすのはなぜですか。

（　　　　　　　　　　　　　　　　）

(5) ㋔ずっとつかまっていられるのは、何をもっているからですか。二つ書《か》きましょう。

（　　　　　　　　　　　　　　　　）

（　　　　　　　　　　　　　　　　）

ヒョウのかり

名まえ

月　日

つぎの文しょうを読《よ》んで、もんだいに答《こた》えましょう。

ヒョウはネコのなかまで、㋐せかい中になかまがいます。黒色《くろいろ》でかっこいいクロヒョウ、白色できれいなユキヒョウなど、しゅるいもたくさんです。

今回《こんかい》は、草原《そうげん》にすむ黄色《きいろ》の㋑アフリカヒョウについてしらべました。

肉食《にくしょく》で、けものから鳥《とり》、魚《さかな》、虫と、大小の生きものを食《た》べて生きています。

ほとんどのヒョウは一ぴきだけのくらしをしています。

㋒このヒョウがとくいとするかりが、木の上でのまちぶせです。

かれらは、足が太《ふと》くみじかく、しっぽが長《なが》いので、㋓木の上でのくらしにあった体《からだ》をしています。

木の上からとび下りてえものをつかまえると、自分の体《たい》じゅうよりおもくても、強《つよ》い㋔あごの力で木の上まで引《ひ》き上げてしまいます。これは、えものをほかのどうぶつにうばわれないようにするためです。

ヒョウは、チーターのようにはやく走《はし》れず、ライオンのようになかまとかりをするわけでもありません。自分のとくいなところでしょうぶしているのです。

※けもの……おもにシカやウシなどの四足歩行《よんそくほこう》のどうぶつのこと

(1) ㋐せかい中のなかまには、どんなヒョウがいますか。

（　　　）

（　　　）

（　　　）

(2) ㋑アフリカヒョウは、どこにすむ、何色のヒョウですか。

（　　　）にすむ、（　　　）のヒョウ。

(3) ㋒このヒョウは、何《なに》を食べていますか。

（　　　）

(4) ㋒このヒョウがとくいなことは何ですか。

木の上での［　　　　］

(5) ㋓木の上でのくらしにあった体とは、どんな体ですか。

足（　　　）

しっぽ（　　　）

(6) 何をするために、そんなに㋔あごの力が強いのですか。

えものを（　　　）に（　　　）上げて、

（　　　）するため。

シオマネキがよんでいるのは？

名まえ

月　日

つぎの文しょうを読《よ》んで、もんだいに答《こた》えましょう。

シオマネキは、カニのなかまで、あたたかい地方《ちほう》の海《うみ》べのすなはまに、あなをほってすんでいます。

ふだんはすなの中にひそんでいますが、しおが引《ひ》くとすなから出てきます。食《た》べているのは、どろの中にいる小さなエビやカニです。ハサミでどろといっしょにすくって、それだけをうまく食べます。

はまにいる多《おお》くの鳥《とり》たちにねらわれているので、あぶないと思《おも》うと、すばやくどろの中にかくれます。

このカニの一番《いちばん》のとくちょうは、オスのかた手についているこうらほどもある大きなハサミです。

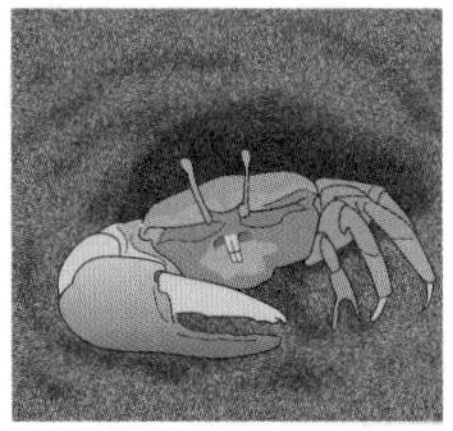

そして、しおが引いたすなはまで、しおがみちるまで、そのハサミをふります。

これは、メスをよぶための行《こう》どうなのですが、「しおが早くみちてくるように」と手をふっているように見えた学しゃが、シオマネキと名づけたのでした。

ほかにもおもしろい生《い》きものの名前《なまえ》をしらべてみましょう。

(1) シオマネキがどこにすんでいるか、くわしく書《か》きましょう。

あたたかい（　　　）の（　　　）に（　　　）すんでいる。

(2) シオマネキが食べているのは、何ですか。

（　　　）

(3) オスのかた手には、何がありますか。

［　　　］ほどもある［　　］な［　　　］。

(4) (3)を、何のためにふりますか。

（　　　）

(5) なぜ、シオマネキという名前がついたのですか。

（　　　）

クロスワード！

名まえ

月　日

1

やじるしのむきにことばが入ります。□にひらがなを書《か》きましょう。

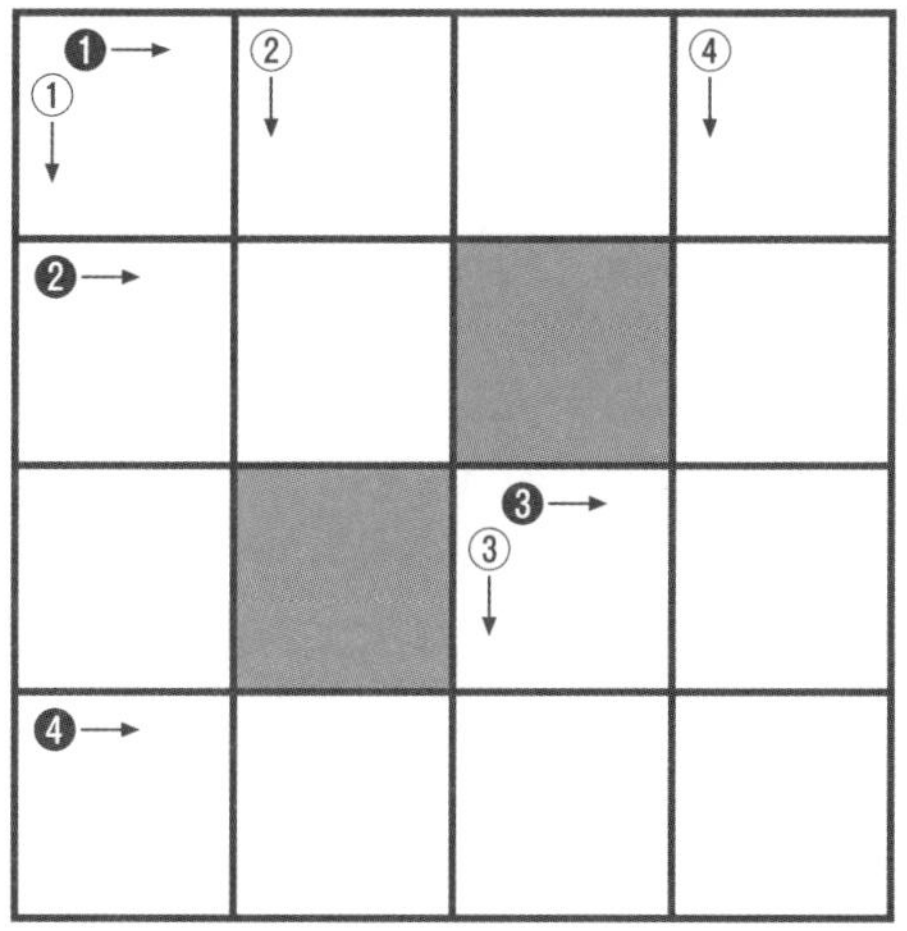

タテのカギ

① けがをするとまく白いぬのは？
② どうぶつを入れるはこ。
③ かたむいている○○道《みち》。
④ えきではたらく人。

ヨコのカギ

❶ ひじをついて、顔《かお》をささえること。
❷ きゅうりやすいかのなかまのこと。
❸ 角《つの》が一本と二本のものがいます。
❹ はんこのこと。

2

やじるしのむきにことばが入ります。□にひらがなを書きましょう。

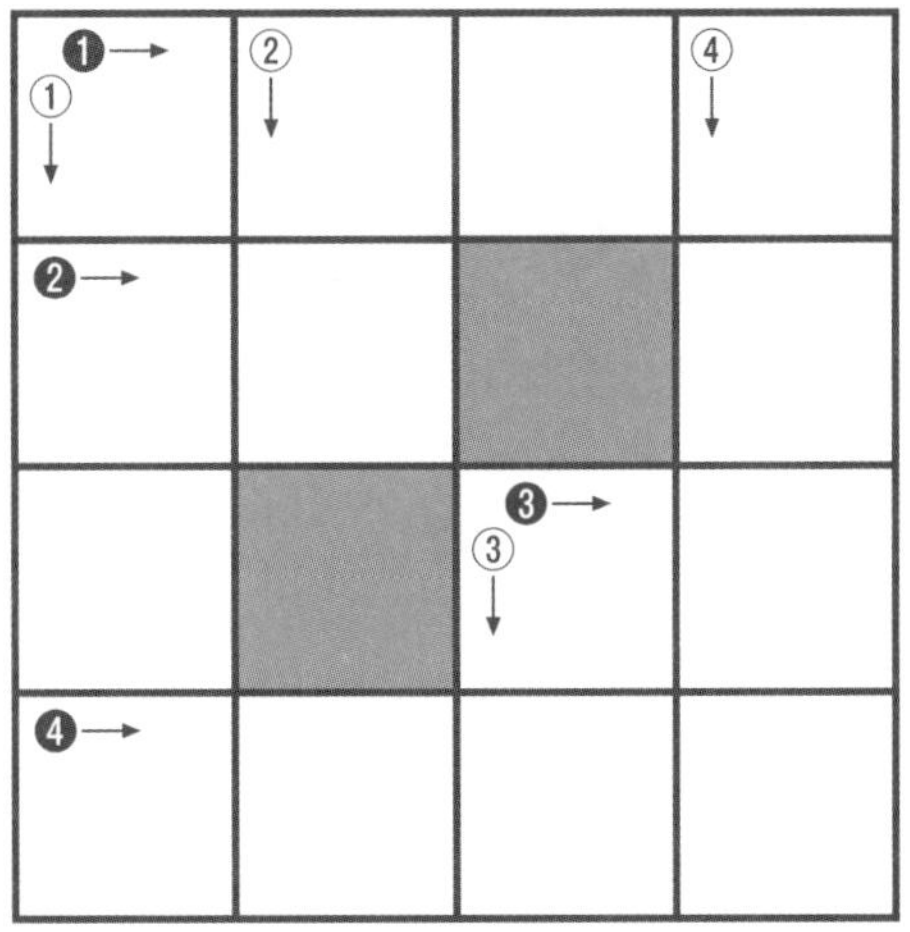

タテのカギ

① 竹やぶに生えてきます。
② 「一」の読《よ》み方《かた》は？
③ 足が八本あるこの虫は？
④ この下の野《や》さいは？○○○○。

ヨコのカギ

❶ たいの形《かたち》をしたあんこの入ったおやつ。
❷ ものを出しおしみする人のこと。
❸ 食《た》べること、「さあたくさん○○ぞ！」
❹ ほらあなで、さかさにぶら下がっているどうぶつ。

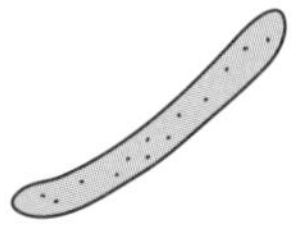

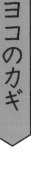

ムササビの大かっ空

名まえ

月　日

つぎの文しょうを読《よ》んで、もんだいに答《こた》えましょう。

夕やみがせまるころ。昼《ひる》のねむりから目をさました㋐ムササビは、木のあなから出てきました。一気に木の上までかけのぼります。そして、ひまくをいっぱいに広《ひろ》げて風《かぜ》にのり、木から木へとびうつります。

せの高《たか》い木が多《おお》い場《ば》しょで㋑見られます。

リスのなかまの中で体《からだ》が一番《いちばん》大きく、ふさふさした太《ふと》く長《なが》いしっぽをもっています。

そして、一番のとくちょうは前足《まえあし》と後《うし》ろ足《あし》の間《あいだ》のひまくです。これをいっぱいに広げ、※グライダーのように㋒空をとびます。

しっぽを左右にうごかし、とんでいる間も、たくみに方《ほう》こうなどをかえることができます。

お気に入りのどんぐりなどをさがして、一気に一二〇メートルもとぶことができます。

やがて、東《ひがし》の空がうっすら明《あか》るくなるころには、おなかもいっぱいになり、㋓木のあなに帰《かえ》って、またふかいねむりにつくのです。

※　グライダー……エンジンやプロペラなしでとぶのりもの。

(1) ㋐ムササビが目をさますのは、いつごろですか。

（　　　　）

(2) ムササビは、どこで㋑見られますか。

（　　　　）

(3) ムササビの一番のとくちょうは何《なん》ですか。

（　　　　）

(4) ムササビは、どのように㋒空をとびますか。

（　　　　）

(5) とんでいるムササビができることを二つ書きましょう。

・しっぽを（　　　　）、

（　　　　）をかえる

・一気に（　　　　）もとぶ

(6) ㋓木のあなに帰るのはいつごろですか。

（　　　　）

ヤドカリのやどさがし

名まえ

月　日

つぎの文しょうを読《よ》んで、もんだいに答《こた》えましょう。


　はまべにすむ㋐ヤドカリは、頭《あたま》や顔《かお》はエビそっくりなのに、体《からだ》には大きな貝がらがついています。

　この生きものの㋑本当《ほんとう》のすがたを知《し》るために、貝がらの中にかくれているぶぶんを見てみましょう。

　とりだしてみると、体がとてもやわらかい㋒ことがわかります。このままでは、てきにおそわれたときに、みをまもることはできそうにありません。

　エビやカニは、かたいこうらがあることで、てきからみをまもることができます。

　けれど、ヤドカリは、貝のじょうぶなからをかりて、てきからみをまもっています。

　貝がらは、おちているものをはさみでしらべます。そして、自分《じぶん》にあったものを見つけると、その中に入るのです。

　[㋓]、かりものの貝がらは、体が大きくなるときゅうくつです。

　そうなると、また貝がらをさがしはじめます。㋔ヤドカリのやどさがしは、一生つづくのです。

(1) ㋐ヤドカリには、何《なに》がついていますか。
（　　　　）

(2) ㋐ヤドカリは、何の顔にそっくりですか。
（　　　　）

(3) ㋑本当のすがたは、どこにかくれていますか。
（　　　　）

(4) ㋒では、何がわかりましたか。
（　　　　）こと。

(5) エビやカニとヤドカリは何でみをまもりますか。
エビやカニは（　　　　）
ヤドカリは（　　　　）

(6) ㋓にあてはまることばを[　]からえらんで書きましょう。
（　　　　）

けれど　そして　すると

(7) ㋔ヤドカリのやどさがしは、一生つづくのは、なぜですか。
（　　　　）

ペリカンの魚のとり方

名まえ

月　日

つぎの文しょうを読《よ》んで、もんだいに答《こた》えましょう。

あなたはペリカンのことをどれくらい知《し》っていますか。

　ペリカンは、あたたかい南《みなみ》の国《くに》の池《いけ》やぬまにすむ鳥《とり》です。

　とても大きな鳥で、羽《はね》を広《ひろ》げた長《なが》さは三メートルにもなります。また、くちばしはとても長く、下くちばしがふくろのようになっているので、とても㋐めずらしい形《かたち》をしています。

　これらのとくちょうは、魚《さかな》をとるときにやく立ちます。

　かれらは、大きな魚を一日に四～五ひきも、丸《まる》のみしていますが、そのとり方もとてもめずらしいのです。

　まず、十羽くらいのなかまがきょう力し、みんなでUの字の形にならんで魚に近《ちか》づきます。

　つぎに、くちばしや羽でいっせいに音を立てます。おどろいた魚をあさせにおい立てます。

　さいごに、ふくろつきの下くちばしで水といっしょにすくいとり、魚だけを上手《じょうず》に食《た》べてしまいます。

　㋑まるで、人間《にんげん》があみで魚をすくいとるようです。

(1) ペリカンは、どんなところにすむ鳥ですか。

（　　　　　　　　）

(2) ペリカンの羽を広げた長さはどれくらいありますか。

（　　　　　　　　）

(3) ㋐めずらしい形は、ペリカンの何《なに》のことですか。あてはまる文に線《せん》を引《ひ》きましょう。

(4) ペリカンの魚のとり方をじゅんに書《か》きましょう。

・まず、十羽くらいで（　　　）の形にならぶ。

・つぎに、（　　　）や（　　　）でいっせいに音を立て、（　　　）をあさせにおい立てる。

・さいごに、（　　　）ですくいとり（　　　）を（　　　）に食べる。

(5) ㋑まるでとは、どんなようだと書いていますか。

（　　　　　　　　）

こん虫のへんそう

名まえ

月　日

つぎの文しょうを読《よ》んで、もんだいに答《こた》えましょう。

㋐こん虫の体《からだ》の色《いろ》や形《かたち》は、そのこん虫がすむ場《ば》しょの色や形、もようとよくにていることを知《し》っていますか。

たとえば、みどり色の草むらにすむこん虫の体は、みどり色です。㋑草の少《すく》ない川原《かわら》にすむこん虫の体は、まわりの石やすなの色ににた色をしています。

体の色だけでなく、羽《はね》の形まではっぱの形をしたこん虫もいます。羽のもようをとまった木のみきのもようにあわせる、ガのなかまもいます。

こん虫たちの多《おお》くは、より強《つよ》いこん虫やどうぶつたちにねらわれていて、中でも、空からおそってくる鳥《とり》が㋒一番《いちばん》のてきです。

［㋓］、まわりの色にあわせることで、見つかりにくくしています。㋕これらは、てきからみをかくすための「こん虫のへんそう」と言《い》えます。

［㋔］、それとははんたいに㋖カマキリやクモのなかまは、まわりの色にへんそうすることで、ほかのこん虫をつかまえやすくしています。

どちらも、こん虫たちが生きるためにみにつけた力なのです。

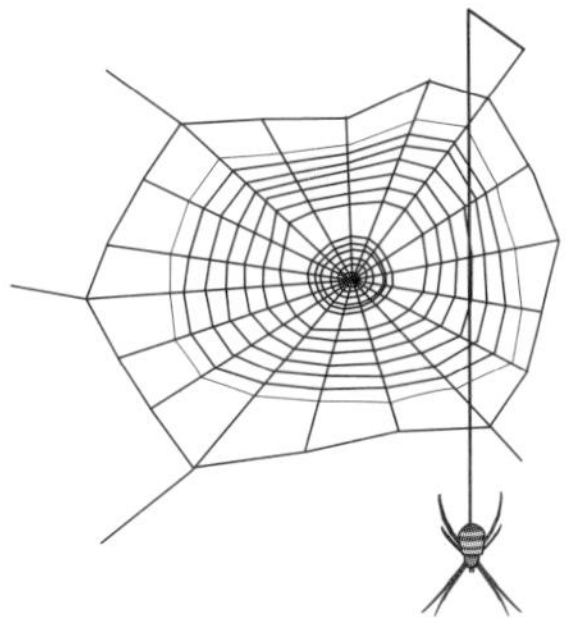

(1) ㋐こん虫の体の色や形は、何《なに》とよくにていますか。

そのこん虫が（　　　　　）

(2) ㋑草の少ない川原にすむこん虫は、何の色ににていますか。

（　　　　）や（　　　　）の色

(3) こん虫の㋒一番のてきは、何ですか。

（　　　　　）

(4) ㋓と㋔にあてはまることばを□からえらんで書《か》きましょう。

㋓（　　　　）　㋔（　　　　）

そのうえ　しかし　だから

(5) ㋕のへんそうは、何のためのへんそうですか。

（　　　　　）ため。

(6) ㋖のへんそうは、何のためのへんそうですか。

（　　　　　）ため。

ミツバチダンスは、合図のダンス

名まえ

月　日

つぎの文しょうを読《よ》んで、もんだいに答《こた》えましょう。

よくはたらくことでゆう名な㋐ミツバチ。花をもとめてあちらこちらへとびまわり、花のみつや花ふんをすにもち帰《かえ》ってきます。

ミツバチは、目としょっ角《かく》をはたらかせて、自分《じぶん》たちのすきなものをしっかり㋑見分《みわ》けています。

㋒花にとまると、ストローのような口をのばしてみつをすいます。また、体《からだ》についた花ふんは足で上手《じょうず》にダンゴにし、後《うし》ろ足《あし》の毛《け》につけていきます。

すにもどってくると、みつはみつのへやに、花ふんダンゴは花ふんダンゴのへやにつめこんでいきます。

㋓それがおわってもミツバチたちは休みません。すの上に出てはげしくおしりをふり、「○」や「8」の字をえがくようにミツバチダンスをはじめます。

おどろいたことに、㋔このダンスは、ほかのミツバチに、自分が見つけた花の場《ば》しょを知《し》らせる合図でした。

「○」は近《ちか》く、「8」の字は遠《とお》くに花があるといういみです。

そうやってなかまをさそい、またはたらきに出かけるのです。

(1) ㋐ミツバチは、何《なに》でゆう名ですか。

（　　　　　　　　）

(2) 何で花を㋑見分けていますか。

（　　　　）と（　　　　）

(3) ㋒花にとまると、何をしますか。

・ミツバチは、（　　　　）のような（　　　　）をのばしてみつをすう。

・花ふんは、足で（　　　　）にし、（　　　　）につける。

(4) ㋓それは、何のことですか。

みつは（　　　　）に、花ふんダンゴは（　　　　）につめこむこと。

(5) ㋔このダンスというのは、何ダンスですか。

（　　　　　　　　）

(6) ㋔このダンスは、何の合図ですか。

（　　　　）に、自分が見つけた（　　　　）を（　　　　）合図。

タンポポのちえってすごい！

名まえ

月　　日

つぎの文しょうを読《よ》んで、もんだいに答《こた》えましょう。

㋐冬《ふゆ》の間《あいだ》のしょくぶつは、元気《げんき》がありません。にわのタンポポも、くきもはっぱも地《じ》めんにべったり。

でも、あたたかくなるにつれて、だんだんと元気になってきました。㋑春《はる》のよう気で、そのはっぱの数《かず》もふえ、つぼみをつけました。

とうとうつぼみが黄色《きいろ》い花をさかせました。わたしは大よろこびでしたが、しばらくすると、㋒しおれたようにたおれたのです。

わたしは、心《しん》ぱいになって父《ちち》にたずねました。すると父が、

「それは㋓タンポポの知《ち》えだよ。できるだけ体《からだ》を休めて、たくさんのえいようをたくわえているんだ。そのうち、おきあがってたくさんの白いわた毛《げ》のついたたねをつけるよ。」

父の言《い》うとおりでした。㋔やがて、くきがおき上がり、前《まえ》よりも一だんと高《たか》くのびて、わた毛をつけたのです。

父といっしょにフーッとふいてとばしたわた毛はふわふわとんで、㋕白いパラシュートみたいでした。

夏《なつ》の前のとってもいい思《おも》い出《で》です。

またどこかで花がさきますように。

(1) ㋐冬の間、にわのタンポポはどんなようすでしたか。

（　　　　　　　　　　）

(2) ㋑春のよう気で、タンポポはどうなりましたか。

（　　　　　　　　　　）

(3) タンポポは、どうしたあと㋒しおれたようにたおれたのですか。

（　　　　　　　　　　）

(4) ㋓タンポポの知えとは、どういうものですか。

（　　　　　　　　　　）

(5) ㋔やがてタンポポはどうなりますか。

（　　　　　　　　　　）

(6) ㋕白いパラシュートみたいとたとえたのは、何のどんなようすですか。

父といっしょにとばした（　　　　）が（　　　　）とんでいくようす。

日光のうばいあい

名まえ

月　日

つぎの文しょうを読《よ》んで、もんだいに答《こた》えましょう。

どうぶつは、ほかのどうぶつや草、水をとって生きています。では、しょくぶつは、どうなのでしょう。

しょくぶつは、土からえいようをとって生きていますが、自分《じぶん》でもえいようを作《つく》っています。そのために、なくてはならないものが、㋐日光《にっこう》と水です。

水は、土からすいあげています。日光は、空からふりそそぐ光をうけとっています。

ですが、日光はまわりのしょくぶつとうばいあいをしています。

ヒマワリなどをま上から見ると、たくさんの日光をそれぞれのはっぱがうけとれるよう、はっぱがかさならないようになっていることがわかります。

［㋑］、少しでも日光をたくさんうけとれるように、くきをのばし、まわりのしょくぶつよりもせを高《たか》くしようとするのです。

つるのあるアサガオは、まわりのしょくぶつにまきついて、その上に自分のはっぱを広《ひろ》げ、日光をうけとります。

これらはしょくぶつたちの、㋒生きるためのたたかいなのです。

(1) どうぶつと、しょくぶつは何をえて生きていますか。

どうぶつ（　　　　）

しょくぶつ（　　　　）

(2) 何《なん》のために㋐日光と水がなくてはならないのですか。

（　　　　）

(3) しょくぶつは、水をどうしていますか。

（　　　　）

(4) ㋑にあてはまることばをつぎの□からえらんで書《か》きましょう。

（　　　　）

しかし　また　それから

(5) 日光をうけとるためにアサガオがしていることは何ですか。

（　　　　）

(6) ㋒生きるためのたたかいとは、何のことですか。

（　　　　）のうばいあい

だるまさんがころんだ

名まえ

月　日

つぎの文しょうを読《よ》んで、もんだいに答《こた》えましょう。

「㋐だるまさんがころんだ！」

このかけ声《ごえ》であそぶあそび、みなさん知《し》っていますか。

まず、おにを一人《ひとり》きめ、みんなはおにからはなれてよこ一れつになります。

おにが、みんなにせをむけ、

「㋑だるまさんがころんだ！」

と言っている間《あいだ》にうごいて、みんなが少《すこ》しずつおにに近《ちか》づいていきます。

しかし、おにがこちらをふりむいたら、ぜったいに止《と》まっていないといけません。うごくと、おににつかまってしまう、というルールです。

これをくりかえし、だれかがおににタッチできたら、かちです。

おには、かけ声のリズムをかえてきゅうにふりむき、㋒うまく止まれないようにくふうするのがおもしろいです。

つかまったら、おにと手をつなぎます。おにのかけ声中に、ほかの人がその人とおにがつないだ手を「切《き》った！」と言ってはなすと、㋓つかまった人たちをにがすこともできます。

ぜんいんが走ってにげだすと、おにがすかさず「ストップ！」とさけんで、みんなをその場《ば》に止めます。

おにが三歩《さんぽ》すすんで、だれかにタッチできたら、つぎはその人がおにです。

(1) ㋐あそびは、まず何《なに》をきめますか。

□□

(2) ㋑の間にみんながすることを書《か》きましょう。

□□□□ おにに近づく。

(3) どうしたら、止まっていないといけませんか。

（　　　　）

(4) おにはどのようにして、みんなを㋒うまく止まれないようにくふうしますか。

（　　　　）をかえて

（　　　　）ふりむく。

(5) おににつかまると、何をすることになりますか。

（　　　　）

(6) ㋓つかまった人たちがにげだしたときにおにがすることは、何ですか。

・すかさず（　　　　）とさけぶ。

・（　　　　）、だれかに（　　　　）する。

工じげん場ではたらく車

名まえ

月　日

つぎの文しょうを読《よ》んで、もんだいに答《こた》えましょう。

工じげん場ではたらく車㋐には、たくさんのしゅるいがある。

ブルドーザーは、前《まえ》についたはで土をけずり、でこぼこな土地《とち》でもたいらにしてしまう力強《ちからづよ》い車だ。

ショベルカーも、それ㋑にまけない力をもち、バケットという大きなスコップで土をほることができる。ほった土をすくい上げ、ダンプカーにのせるのがしごとだ。

［㋒］、ダンプカーは、後《うし》ろのに台《だい》におもい土や石をのせて目てき地にはこんでくれる車だ。

に台を大きくかたむけることで、石や土などを一度におろすことができる。

さいごに、ミキサー車㋓をしょうかいしよう。に台のタンクが回《まわ》りつづけているのがこの車のとくちょうだ。タンクにはコンクリートが入っていて、それがかたまらないように、かきまぜながらはこんでいる。だから、てい車中もタンクが、ゆっくり回っているのだ。

工じげん場につくとホースをつかい、きめられた場しょにコンクリートをうまくながしこむことができる。

これらの車㋔が、道《どう》ろやはし、トンネルなどを作《つく》るときにはたらいてくれているのだ。

(1) この文しょうに出てくるはたらく車㋐をじゅんにすべて書《か》きましょう。

① （　　　　）
② （　　　　）
③ （　　　　）
④ （　　　　）

(2) それ㋑とは、何の車ですか。(1)の番ごうで答えましょう。

〔　　〕

(3) ㋒にあてはまることばを□からえらんで書きましょう。

（　　　　）

では　または　そして

(4) ダンプカーのしごとは何ですか。

（　　　　）
（　　　　）

(5) ミキサー車㋓が、に台のタンクをいつも回しているのはなぜですか。

（　　　　）

(6) これらの車㋔が力をあわせて、何を作《つく》ってくれていますか。

（　　　　）

ぼくがつくられるまで

名まえ

月　日

つぎの文しょうを読《よ》んで、もんだいに答《こた》えましょう。

ぼくは、パン。工場《こうじょう》で作《つく》られているんだ。

ぼくのもとになるのは小麦《こむぎ》こだ。トラックにのせられてこの工場のそうこにやってきた。

工場の中で㋐はたらく人たちは、みんな白いふくをきているよ。かみの毛《け》をすっぽりかくすぼうしも、長《なが》ぐつも、みーんな白色。こうすることで、工場をせいけつにしているんだって。

あるへやにつれていかれて、小麦このへんしんがはじまるよ。

まずは、「小麦こ」にさとうやバターをまぜ、きかいや手でねると「きじ」にへんしん。あたたかいへやでは、どんどんふくらませていくよ。

つぎはこのふくらんだ「きじ」を、きかいで同《おな》じ大きさにチョキンッと切《き》る。

それから、かたわくに入れて、その中でまた、ふくらませるんだ。

そうしてさらにふくらんだら、大きなオーブンでやかれるよ。

やきあがったら㋑ぼくのできあがり。さめたらふくろに入れてはこづめだ。

今日《きょう》の朝《あさ》は、ぼくだった？

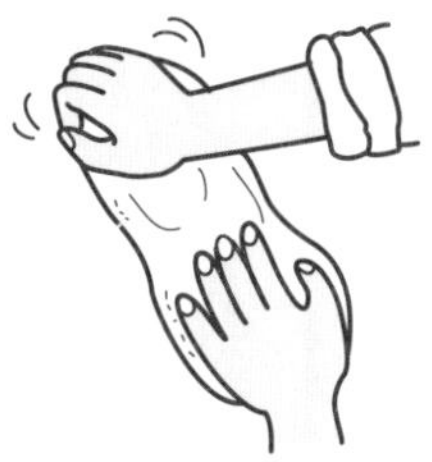

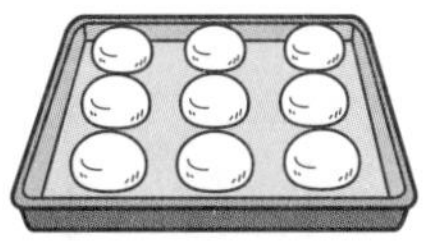

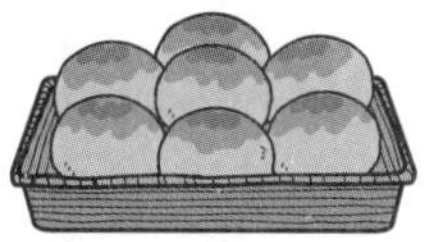

(1) ㋐はたらく人たちは、どんなようすですか。

（　　　　）

(2) (1)のようにしているのは、なぜですか。

（　　　　）にするため。

(3) ㋑ぼくは、何《なん》ですか。

（　　　　）

(4) パンができるじゅん番《ばん》になるように、（　）に番ごうをつけましょう。

（　）きじをふくらませる。

（　）オーブンでやく。

（　）小麦こにさとうやバターなどをまぜ、ねる。

（１）トラックが小麦こをはこんでくる。

（　）同じ大きさに切る。

（　）ふくろに入れて、はこづめする。

へんしんかげえ人形

名まえ

月　日

つぎの文しょうを読《よ》んで、もんだいに答《こた》えましょう。

わりばしと、あつ紙《がみ》で作る「へんしんかげえ人形《にんぎょう》」。
この人形は、光《ひかり》を当ててかげをスクリーンにうつしてあそびます。人形をスクリーンに近づけたり、はなしたりするとかげが大きくなったり、小さくなったりします。回《まわ》すと絵《え》がかわるふしぎな人形です。作ってあそんでみましょう。
作《つく》り方《かた》は、かんたんです。
まず、ざいりょうのあつ紙とわりばし、色《いろ》セロハンに、はさみとテープもじゅんびします。
はじめに、あつ紙に絵を二つかき、その絵を切《き》りぬきます。（㋐）このとき、目なども切りぬきます。
切ったら、どちらかの絵を半分《はんぶん》に切ります。（㋑）
つぎに、さっき切らなかった絵を、わりばしにはさみます。（㋒）
そして、半分に切った絵をわりばしにテープではりつけます。（㋓）
さいごに、目など切りぬいたところに色セロハンをはりつけてかんせいです。（㋔）
できたら、光を当ててスクリーンにうつしてうごかしましょう。絵がくるくるかわり、色セロハンのところは色がついて見えます。
みなさんも「へんしんかげえ人形」を作って、くるくるうごかしてみましょう。

(1) よういするものをつぎから四つえらんで○をつけましょう。

（　）わりばし
（　）のり
（　）はさみ
（　）わごむ
（　）テープ
（　）あつ紙

(2) 本文の㋐〜㋔にあてはまるイラストをえらび、（　）に記ごうを書《か》きましょう。

①（　）

②（　）
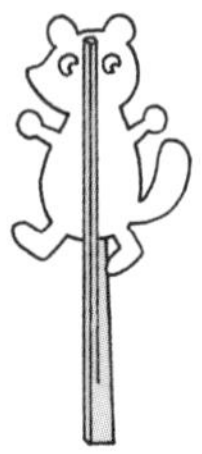

③（　）

④（　）

⑤（　）

(3) この人形で㋐色がつくのは、どこのぶぶんですか。

（　　　　）

お手つだいの日

名まえ

月　日

つぎの文しょうを読《よ》んで、もんだいに答《こた》えましょう。

きのうは、母《はは》のたん生日でした。

母は、いつもあらいものをしてくれるので、手があれています。

だから、わたしたち兄弟《きょうだい》でお手つだいをプレゼントすることにしました。

わたしが、おふろあらい。

兄《あに》が、食きあらい。

㋐二人《ふたり》ともあらいしごとです。

わたしは、学校から家《いえ》に帰《かえ》るときがえてさっそくおふろ場《ば》に行《い》きました。おゆはぬいてありますし、スカートがぬれないよう体《たい》そうズボンにきがえたので、㋑じゅんびばんたんです。

㋒よくそうに水をかけ、スプレーでせんざいをふきかけ、スポンジでゴシゴシこすりました。水でせんざいをながし、よくそうを手でこするとキュッキュッと音がしました。

兄は、ばんごはんの㋓食きあらいです。おちゃわんやおさらは、父《ちち》がさげてくれました。

「少《すこ》し水につけてからの方が、よごれがよくとれるよ。」

と、母にコツを教《おし》えてもらっていたので、少し水につけてから、せんざいをつけてスポンジでやさしくあらいました。さいごに、水であわをながすとピカピカになりました。あらいものがぜんぶおわると、

㋔「二人とも、ありがとう。」

と母が言《い》ってくれました。

とてもうれしかったです。

(1) きのうは、何《なん》の日でしたか。

（　　　　）

(2) ㋐二人とも、あらいしごとにしたのは、なぜですか。

（　　　　）から。

(3) ㋑じゅんびとは何のことですか

（　　　　）こと

（　　　　）こと

(4) ㋒よくそうが、きれいになったことをあらわしている文をかきましょう。

（　　　　）と、

（　　　　）がしました。

(5) ㋓食きは、さいごにどうなりましたか。

（　　　　）

(6) ㋔「二人ともありがとう。」は、だれのことばですか。

（　　　　）

さとしさんをさがせ！

名まえ

月　日

1 つぎの話《はなし》を読《よ》んで、さとしさんが左の地図《ちず》のどこにいるのか（　）にⓐ～ⓔで答《こた》えましょう。

今《いま》、○○○の前《まえ》にいます。ここまで、えきから、しょう店《てん》がいを通《とお》ってきました。と中で、本《ほん》やさんによりました。そこから少《すこ》し歩《ある》くと、左に川があり、右へすすむと学校がありました。今、びょういんとお寺《てら》がよく見えます。

（　　）

2 さとしさんは、左の地図をつかって自分《じぶん》の家《いえ》をしょうかいします。つぎの①～④にあてはまることばを書《か》き、㋐㋑には、右か左を書きましょう。

まず、学校の校門《こうもん》を出て［㋐］に［①］の角《かど》まですすみます。この交《こう》さ点《てん》を［㋑］にまがり、大通《おおどお》りの［②］まですすみ、そこをわたります。つぎに、角の［③］やさんからコンビニのある交さ点まで歩きます。

わたしの家は［④］通りにむかってコンビニの二けんむこうです。

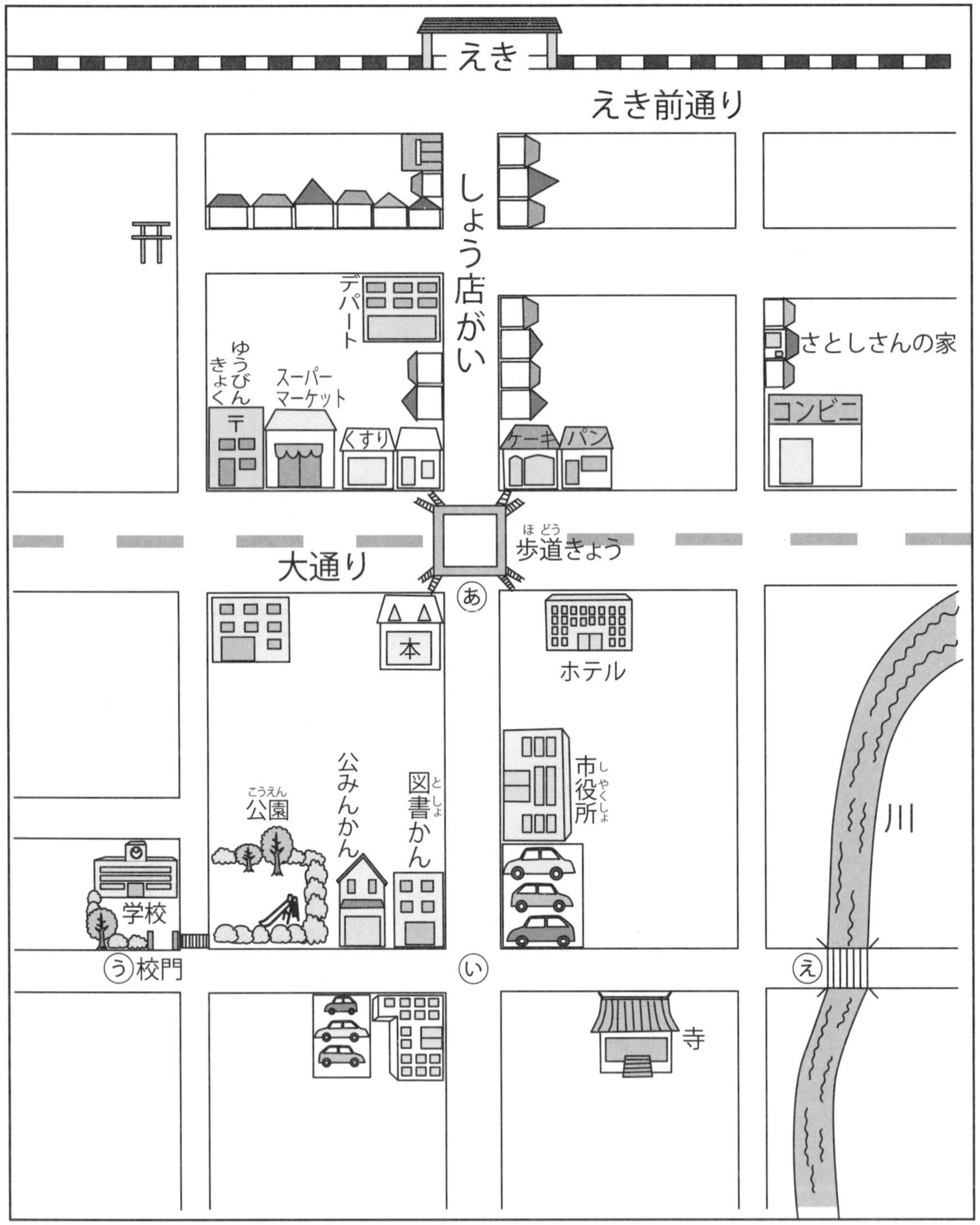

人と兄弟のようにくらすゾウ

名まえ

月　　日

つぎの文しょうを読《よ》んで、もんだいに答《こた》えましょう。

東南《とうなん》アジアにミャンマーという国《くに》があります。

この熱帯《ねったい》地方《ちほう》の山おくに人間《にんげん》と力をあわせて林ぎょうをおこなっているゾウたちがいます。

この国では、道《みち》がひらかれていなくて自《じ》どう車《しゃ》などが入れない場《ば》しょがたくさんあります。

しかし、山おくのひとたちは、木をはこばなくてはなりません。

そこで、かしこくて力もちな㋐ゾウに力をかりているのです。

㋑ゾウは、けわしい森や道でも、おもさ二トンもの大きな丸太《まるた》をもち、あちこちうごき回《まわ》ることができます。

この国のゾウつかいは、子どものころからゾウといっしょにくらし、兄弟《きょうだい》のようになかよしです。

㋒しごとがおわったあとは、ゾウをおりにいれたりしません。いっしょに森の中でのんびりすごすのです。川で水あそびをし、せなか、頭《あたま》、長《なが》いはなと、体《からだ》をあらってあげるととても気もちよさそうにします。

㋓そのようすは、ゾウもあん心《しん》しているしょうこなのです。

※ 熱帯……地きゅうの一年中あつい国。

※ 林業……木を切りはこぶしごと。

(1) この話は、どこの国の話ですか。

（　　　）の（　　　）

(2) ㋐ゾウに力をかりているのは、なぜですか。

（　　　）いなくて、（　　　）などが（　　　）場しょがあったから。

(3) ゾウとゾウつかいのかんけいは、どんなかんけいですか。

（　　　）のように（　　　）

(4) ㋑ゾウはどんなことができますか。

けわしい森や道でも、おもさ二トンもの（　　　）をもち、あちこち（　　　）ができます。

(5) ㋒しごとがおわったあとは、ゾウつかいと何をしてすごしますか。

（　　　）

(6) ㋓そのようすは、何のしょうこですか。

（　　　）

ネコとことわざ

名まえ

月　日

つぎの文しょうを読《よ》んで、もんだいに答《こた》えましょう。

ネコは、ことわざによく出てくるどうぶつの一つです。

たとえば㋐「かりてきたネコみたい」などです。いみは、ふだんは元気《げんき》なのに友《とも》だちや親《しん》せきの家《いえ》などに行《い》くと、いつもとちがってとてもおとなしくなっているときに言《い》います。

むかし、家にすみついたネズミをとるために、㋑ネコのかしかりをすることがありました。

［㋒］、よその家につれていかれたネコは、きゅうにおとなしくなってしまうことが多《おお》かったようです。

ほかに㋓「ネコの手もかりたい」ということばもあります。

とてもいそがしくしているときにふっと出ることばです。何《なん》のやくにも立たないネコでもいいから手つだってほしい、と思うほどいそがしいときに言います。

なぜ、［㋔］ことばが「ネコの手」になったのかは分《わ》かりません。ですが、㋕もうそのころからネコがみぢかなどうぶつだったのでしょう。

(1) ㋐は、どんなときに言いますか。

ふだんは元気なのに、（　　　　）

(2) ㋑ネコのかしかりをしたのはなぜですか。

（　　　　）

(3) ㋒にあてはまることばを□からえらんで書《か》きましょう。

（　　　　）

そして　また　ところが

(4) ㋓は、どんなときに言いますか。

（　　　　）と思うほどいそがしいとき。

(5) ㋔にあてはまることばを□からえらんで書きましょう。

（　　　　）

あの　どの　その　この

(6) ㋕もうそのころからネコが何だったことがわかりますか。

（　　　　）

王さまとくつや

名まえ

月　日

つぎの文しょうを読《よ》んで、もんだいに答《こた》えましょう。

　ある日、㋐王さまはこじきのようなようすをして、一人《ひとり》で町へやってきました。

　町には小さなくつやが一けんあって、おじいさんがせっせとくつを作《つく》っておりました。

　王さまはくつやに入って、

「これこれ、じいや、そのほうはなんという名前《なまえ》か。」

と㋑たずねました。

　くつやのじいさんは、そのかたが王さまであるとは知《し》りませんでしたので、

「人にものを聞《き》くなら、もっとていねいに言《い》うものだよ。」

と、㋒つっけんどんに言って、とんとんとしごとをしていました。

「これ、名前は何《なん》ともうすぞ。」

とまた王さまはたずねました。

「㋓人に口をきくときには、もっとていねいに言うものだというのに。」

とじいさんはまた、ぶっきらぼうに言って、しごとをしつづけました。

　王さまは、なるほど㋔自分がまちがっていた、と思って、こんどはやさしく

「おまえの名前を教《おし》えておくれ。」

とたのみました。

「わしの名前は、マギステルだ。」

とじいさんは、やっと名前を教えました。

（新美　南吉　青空文庫より）

(1)　㋐王さまは、どんなようすでしたか。

（　　　　）

(2)　だれが、どのようにくつを作っていましたか。

だれが（　　　　）

どのように（　　　　）

(3)　㋑たずねましたとは、何をたずねましたか。

（　　　　）

(4)　本文で、㋒つっけんどんと同《おな》じいみのことばを書《か》きましょう。

□□□□□□

(5)　㋓人に口をきくと同じいみのことばをえらんで○をつけましょう。

㋐（　）人の口を見る。

㋑（　）口とは何《なに》かを聞く。

㋒（　）人にむかって話《はな》す。

(6)　㋔自分がまちがっていた、と思って、どうしましたか。

（　　　　）に（　　　　）たのみました。

赤いろうそく

名まえ

月　日

つぎの文しょうを読《よ》んで、もんだいに答《こた》えましょう。

山から里《さと》のほうへ、あそびに行《い》ったさるが、一本の赤いろうそくを、㋐ひろいました。赤いろうそくは、たくさんあるものではありません。それでさるは、㋑赤いろうそくを、花火だと思《おも》いこんでしまいました。

さるは、ひろった赤いろうそくをだいじに山へもって帰《かえ》りました。

山では、㋒たいへんなさわぎになりました。なにしろ、花火などというものは、しかにしても、いのししにしても、うさぎにしても、かめにしても、いたちにしても、たぬきにしても、きつねにしても、まだ、一ども見たことがありません。その花火を、さるがひろってきたというのであります。

しかやいのししやうさぎやかめやいたちやたぬきやきつねが、おし合《あ》いへし合いして赤いろうそくをのぞきました。するとさるが、

「あぶない、あぶない。そんなに近《ちか》よってはいけない。ばくはつするから。」

と言《い》いました。

みんなはおどろいて㋓しりごみしました。

（新美　南吉　青空文庫より）

(1) さるは、どこへ行って、赤いろうそくを㋐ひろいましたか。

（　　　　）

(2) ㋑について、どうして花火だと思いこんだのですか。

（　　　　）

(3) 赤いろうそくをどこへ、どのようにもって帰りましたか。

どこへ（　　　　）

どのように（　　　　）

(4) ㋒について、なぜさわぎになりましたか。

（　　　　）のどうぶつたちは、（　　　　）を一ども（　　　　）が（　　　　）から。

(5) ㋓のことばのいみとして正しい方《ほう》に○をつけましょう。

㋐（　）やる気にあふれる。

㋑（　）後《あと》ずさりする。

聞き耳頭きん

名まえ

月　日

つぎの文しょうを読《よ》んで、もんだいに答《こた》えましょう。

ある日のことです。子ギツネのかわりに、おじいさんが木のみをとってやると、子ギツネはとてもよろこんで帰《かえ》りました。

しばらくたって、おじいさんが夜《よる》おそくに帰っていると、この前《まえ》の子ギツネが手まねきしてよびました。

子ギツネについて行くと、㋐母《はは》ギツネが、㋑この前のおれいにと古《ふる》びた頭《ず》きんをくれました。

つぎの日、きのうもらった頭きんを、ためしにかぶってみました。

すると、おどろくことに、すずめの話《はな》し声《ごえ》がわかるではありませんか。

そして、それからは、いろいろなどうぶつの話し声が楽《たの》しめるようになりました。

ある日、㋒カラスの話を聞くと、長《ちょう》じゃのむすめのびょう気がクスノキのたたりだというのです。そこでおじいさんは長じゃさんのくらにねとまりして、クスノキの話を聞きました。新《あたら》しいくらがクスノキの足の上にのっているからでした。

長じゃさんがさっそくくらをどかすとむすめもすっかり元気《げんき》になり、よろこんだ長じゃさんは、おじいさんにたくさんのほうびをくれました。

(1) ㋐母ギツネは、おれいに何をくれましたか。

（　　　　）

(2) ㋑この前のおれいとは、何をしてやったおれいですか。

（　　　　）おれい。

(3) 頭きんをかぶることで、何がわかって楽しめるようになりましたか。

（　　　　）がわかって楽しめるようになった。

(4) ㋒カラスの話は、どんな話でしたか。

（　　　　）

(5) カラスの話を聞いたおじいさんは、どうしましたか。

くらにねとまりして、（　　　　）

(6) 長じゃさんがどうすると、むすめは元気になりましたか。

（　　　　）

おむすびころりん

月　日

名まえ

つぎの文しょうを読《よ》んで、もんだいに答《こた》えましょう。

あるところに、心《こころ》のやさしいふうふがすんでいました。㋐おじいさんはしばかりに出かけました。

切《き》りかぶにすわり、おむすびのつつみを㋑あけようとしました。

［㋒］、おむすびが一つころがりおちました。㋓おむすびはころころころび、あなの中におちてしまいました。

おじいさんはあなをのぞいてみました。が、まっくらで何《なに》も見えません。

するとあなの中から、

「おむすびころりん、うれしいな。」

という楽《たの》しい声《こえ》が聞《き》こえてきました。

おどろいたおじいさんが、㋔のこりのおむすびもあなの中に入れると、ますますたくさんの楽しい声が聞こえてきました。

おじいさんは思《おも》い切《き》ってあなの中にとびこみました。中ではたくさんのねずみがおむすびをおいしそうに食《た》べていました。㋕ねずみからおれいを言《い》われたおじいさんは、まい日、おむすびをおとしてやりました。

すると、ある日、ねずみたちが出てきて、おじいさんに㋖おれいのしなものをさし出しました。はこをあけてみると、たくさんの小ばんが入っていました。

それから、ふうふはしあわせにくらしました。

(1) ㋐おじいさんは、何をしに出かけましたか。

（　　　　）

(2) 何を㋑あけようとしましたか。

（　　　　）

(3) ㋒にあてはまることばを［　］からえらんで書《か》きましょう。

そして　それから　すると

（　　　　）

(4) ㋓のあと、おじいさんはどうしましたか。

あなを（　　　　）

(5) おじいさんは、なぜ㋔のこりのおむすびもあなに入れたのですか。

（　　　　）

(6) ㋕のあと、おじいさんはどうしましたか。

（　　　　）

(7) ㋖おれいのしなものは、何でしたか。

（　　　　）

ウナギのにおいだい

名まえ

月　日

つぎの文しょうを読《よ》んで、もんだいに答《こた》えましょう。

ある町の㋐ケチんぼうな男は、ウナギ屋《や》の前《まえ》で、かばやきのにおいをはらいっぱいすいこみ、そのにおいでめしを食《た》べるのでした。

それに気づいた㋑ウナギ屋は、

「においだけでめしを食《く》うとは。よし、においだいをとってやろう。」

と、家《いえ》までにおいだいをもらいに行《い》きました。

するとケチんぼうな男は、「ウナギ屋に、金をかりたおぼえはないぞ。」

「いえいえ、これは、㋒かばやきのにおいだいで、※八〇文《もん》でございます。においをかいでウナギを食べたつもりになっておりますので、こちらも食わせたつもりでお金をもらいにきました。」

と、ウナギ屋がすまして言《い》うと、男はしぶしぶふところから八〇文のお金をとり出しました。

「へい、たしかに八〇文。ありがとうございます。」

ウナギ屋がニコニコ顔《がお》でお金をうけとろうとすると、㋓男はそれをほうりなげました。

チャリーン。お金がよい音をたてると、男はウナギ屋に言いました。

「においのおだいは、お金の音ではらおう。お金をうけとったつもりで、帰《かえ》りな。」

※　八〇文……だいたい一文＝三〇円なので、二四〇〇円。

(1) 男のどこが㋐ケチんぼうなのですか。

（　　　　）で（　　　　）を食べること。

(2) ㋑ウナギ屋は、男の家に何《なに》をしに行きましたか。

（　　　　）行きました。

(3) 男の家に行ったウナギ屋が男に言ったのは、つぎのうちどちらですか。

① （　）お金をはらえ。

② （　）お金をかえせ。

(4) ウナギ屋は、㋒かばやきのにおいだいがいくらと言いましたか。

（　　　　）

(5) ㋓男はそれをほうりなげました。それとは何のことですか。

（　　　　）

(6) (5)のあと、男は何と言いましたか。言ったところに線《せん》を引きましょう。

うそつき名人

名まえ　　　　　　月　　日

つぎの文しょうを読《よ》んで、もんだいに答《こた》えましょう。

あるところに、うそつきの名人がいました。あまりに上手《じょうず》にうそをつくので、㋐だまされた人は、かん心《しん》してしまうほどでした。

あるとき、㋑この男のうわさを聞《き》いたとのさまがこの男をよびよせて、

「おまえはうそつき名人だそうだな。わしをうまくだませたなら、何《なん》でもすきなものをやろう。」

と、言《い》いました。

Ⓐ　、男は答《こた》えました。

「じつはわたしがうそをつくには、『うそつきぶくろ』というものがいるのです。今日は家《いえ》にそれをおいてきたので、㋒うそをつけません。」

そこで、とのさまはけらいを男の家にやりました。しばらくしてもどってきたけらいは、言いました。

「男の家のすみからすみまでさがしましたが『うそつきぶくろ』などありませんでした。」

㋓それを聞いた男は言いました。

「そうです。もともとそのようなふくろはありません。これがうそです。」

「むっ、あっぱれじゃ。」

みごとにうそをつかれたとのさまは大よろこびで、㋔うそつき名人にたくさんのほうびをあげました。

(1) ㋐なぜ、だまされた人はかん心するのですか。

（　　　　　　　　　　）

(2) ㋑はどんなうわさですか。

□□□□□□

(3) Ⓐにあてはまることばを□からえらんで書《か》きましょう。

そして　それから　すると

（　　　　　　　　　　）

(4) どうして、「㋒うそをつけません」と言いましたか。

（　　　　　　　　　　）

(5) ㋓それとは、何を聞いたのですか。だいじなぶぶんだけこたえましょう。

（　　　　　　　　　　）

(6) ㋔は、なぜもらえたのですか。

（　　　　　　　　　　）

ことばのなかま　チェック　〔P4〕

(1) どうぶつ園
(2) 長い
(3) 百じゅう
(4) ネコ
(5) 顔つき

ことばのなかま　ワーク①　〔P5〕

1
① 顔　② 耳　③ ツバメ
④ テーブル　⑤ ポケット　⑥ 山

2
① 教室　② アメリカ　③ じん社
④ 野きゅう場　⑤ ふじ山　⑥ 学校

3
① 一本　② 四こ　③ 金曜日
④ 三時　⑤ 五月五日　⑥ 二台

3 は、絵のかずに気をつけてかんがえよう！

ことばのなかま　ワーク②　〔P6〕

1
① のる　② 食べる　③ 考える
④ たたく　⑤ もぐる　⑥ わらう

2
① 光る　② うつる　③ やく
④ はずむ　⑤ ひやす　⑥ けす

3
① ㋐ ある　㋑ ない
② ㋐ いる　㋑ いない

ことばのなかま　ワーク③　〔P7〕

1
① 高い　ひくい
② 多い　少ない
③ あつい　さむい

2
① 明るい　くらい
② まるい　四角い
③ 黒い　白い

3
① ざあざあ
② ごしごし
③ ヒューヒュー
④ パクパク

ことばのなかま　おさらい　〔P8〕

(1) お金を入れるあながあいています。
(2) ちょ金ばこ
(3) (ゾウ)(クマ)(タヌキ)(カメ)
(4) 音楽がなる
(5) あなに入る

文のかたち　チェック　〔P9〕

1
(1) 百じゅうの王
(2) ネコ
(3) 顔つきもネコそっくりです。

2
(1) ゾウの体
(2) 小さくてかわいい
(3) ・ゾウのはな
・キリンの首

文のかたち（どうする文）　ワーク①　〔P10〕

1
① 犬がほえる。
② 弟がおきる。

2
① まさしさんがとびばこをとびました。
② ひこうきが空をとびます。
③ みどりさんはしゅくだいをします。

文のかたち（どんなだ文）　ワーク②　〔P11〕

1
① 花がきれいだ。
② 赤ちゃんはかわいい。

2
① サッカーはとてもむずかしい。
② ライオンはとても強い。
③ 公園のジャングルジムは楽しい。

文のかたち（なんだ文）　ワーク③　〔P12〕

1
① バナナはくだものだ。
② ひこうきはのりものだ。

2
① パンダはかわいいどうぶつだ。
② りかさんたちはぼくの友だちです。
③ こままわしはむずかしいあそびだ。

文のかたち　おさらい　〔P13〕

1
(1) ① けんさん
② せみの鳴き声
(2) ① 歌っています
② アイドルの歌

2
(1) おにごっこ
(2) りかさん
(3) おにを交たいすることになった。

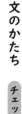

文の組み立て（しゅ語とじゅつ語）　チェック　〔P14〕

1
(1) かなめさん
(2) ゆきこさん
(3) とても大きい
(4) とくにおいしい
(5) 新かん線のうんてんし

文の組み立て（しゅ語とじゅつ語）　ワーク　〔P15〕

1
① ゆう園地は、楽しい。
② お父さんは、先生だ。
③ お姉さんが、りょう理を　作る。
④ 弟が、公園で　あそぶ。
⑤ 赤ちゃんが、すやすや　ねむって　いる。
⑥ ひろしくんは、なわとびの　名人です。
⑦ お母さんは、バレーボールの　せん手です。
⑧ ゾウは、カバよりも　大きい。

文の組み立て（しゅ語とじゅつ語）　おさらい　〔P16〕

1
(1) セキレイ
(2) 長いおを上下にふりながら、右、左にとびはねて歩く
(3) 道あん内

2
(1) 鳥はとても目がいいから。
(2) かれ草や木のみき、土の上にすむこん虫
(3) 目のよい鳥からもみをかくすことができるから。

体のぶぶん　〔P17〕

1
① かた
② 手
③ ほね
④ 頭

2
① まゆ
② 口
③ 目
④ はな

しゅ語は、「〜は」「〜が」がつくことばだったね！
じゅつ語は、「〜です」「〜する」などであらわせることばだったね！

文をくわしくすることば　チェック　〔P18〕

1
(1) ① 夜の間
(2) ① 小麦こなどのいろいろなざいりょう
② あたたかいへや
(3) なわばり
(4) ① 貝がらの大きさ
② はさみ

文をくわしくすることば　ワーク①　〔P19〕

1
① ぼくの　いすは　青い。
② まきさんは　カマキリを　つかまえた。
③ 大つぶの　雨が　ザーザー　ふる。
④ さくらの　花びらが　風に　まう。
⑤ お父さんの　時計は　かっこいい。
⑥ みどり色の　ノートは　国語の　ノートだ。

文をくわしくすることば　ワーク②　〔P20〕

1
① ぼくたちの　先生は　すてきです。
② 風船が　風で　とばされた。
③ 七色の　にじが　空に　かかりました。
④ すずしい　風が　ヒューッと　ふいてきた。
⑤ おいしい　ケーキは　とぶように　売れる。
⑥ わたしは　青い　ボールを　もっている。
⑦ 校ていの　さくらが　きれいに　さきました。

2
① 買いものに
② 国語の
③ 校長先生の
④ 新しい
⑤ ぐんぐんと
⑥ 草むらで

文をくわしくすることば　おさらい　〔P21〕

1
(1) 大切な食りょう。
(2) 花を見分けるはたらき

2
(1) どうぶつ園
(2) （カバ）（キリン）（ペンギン）
(3) 計画どおりに見ることができたから。

くわしくすることばは、
しゅ語やじゅつ語の上にあることばに
ちゅう目しよう！

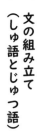

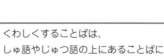

こそあどことば チェック 〔P22〕

① この
② こちら
③ どこ
④ どれ

こそあどことば ワーク① 〔P23〕

1
① これ ② あれ
③ それ ④ どれ

2
① それ
② どっち

どのことばにするか、自分のゆびでゆびさししながらかんがえてみよう！
「これ」かな？「それ」かな？

こそあどことば ワーク② 〔P24〕

① 水玉のハンカチ
② さくら公園
③ 赤い風船
④ 白い教会
⑤ 算数のプリント
⑥ 家ぞくで行った水ぞくかん
⑦ ごうかいなシュート

こそあどことば おさらい 〔P25〕

1
(1) さらさらした土で、すりばちの形をしたくぼみ。
(2) くぼみの中は足がすべるから。
(3) アリジゴク

2
(1) ㋐ そこ ㋑ それ
(2) もうスピードでおよぐ
ジャンプする
岩によじのぼる
とびこむ

つなぎことば チェック 〔P26〕

(1) ① 貝がらをかりています。
② ㋐ ところが ㋑ そこで
(2) ① それで
② しかし
(3) ① しかし
② おにがふえる

つなぎことば ワーク① 〔P27〕

(1) ① だから ② けれども
③ それとも ④ さらに
(2) ① また ② ところで
③ なぜなら ④ それで

つなぎことば ワーク② 〔P28〕

1
① だから
② それとも
③ すると
④ ところが

2
① ㋒ ㋐ ㋑
② ㋐ ㋒ ㋑

3
① それとも
② それで
③ しかし

つなぎことば おさらい 〔P29〕

1
(1) すると
(2) 貝のなかま
(3) 体からねばねばしたえきを出して、自分の体をつつんでいます。

2
(1) ㋐ けれども ㋑ また
㋒ さらに
(2) 一人のおにがにげる子にタッチして、おにを交たいしていくルール。

ことわざぬりえ！〔P30〕

① (え)、㋓
② (か)、㋔
③ (い)、㋐
④ (あ)、㋑
⑤ (お)、㋕
⑥ (う)、㋒

いつ・どこ・何 チェック 〔P31〕

(1) 学校の花だん
(2) チューリップ
(3) めを出すためのよう分
(4) 秋
(5) はに太ようの光をうけて
(6) 春

いつ・どこ・何　ワーク①　〔P32〕

1
① （いつ）（どこ）（何）
② （いつ）（どこ）（どこ）

2
① 何
② いつ
③ どこ
④ どこ　何
⑤ いつ　どこ
⑥ いつ
⑦ 何

いつ・どこ・何　ワーク②　〔P33〕

(1) せなかに赤ちゃん
(2) 生まれてからしばらくの間
(3) どうなると　大きくなっていくと
どこに　お母さんのせなか
(4) 何が　つめ
どこに　前後の足に

いつ・どこ・何　おさらい　〔P34〕

(1) カブトムシ
(2) いつ　昼の間
どこで　木のねや土の中
(3) 木のしる
(4) 木のしるがたくさん出る木
(5) カブトムシたちの
体のぶつかりあいと、
角でのおしあい。
(6) ねぐら

どのように・なぜ　チェック　〔P35〕

1
(1) おちないようにうまくバランスをとれるから。
(2) しっぽを大きく広げるから。
(3) うちわのように上下にふる。

2
(1) はこにつめたから。
(2) 四つばのわたしたち（クローバー）
(3) クローバー

⑶は、「どのようにしますか」ときかれているから、「〜ふる（する）」と答えているよ！

どのように・なぜ　ワーク①　〔P36〕

(1) 木のはのかげや草のねもと
(2) 手のようにつかって（ものを）食べます。
(3) すっぽりとかくしてくれました。
(4) ストローのような口をのばします。
(5) ふだんよりおとなしくしている。

どのように・なぜ　ワーク②　〔P37〕

1
(1) しっぽをふってまきます。
(2) てきからみをまもるため。
(3) 自分が入るのにちょうどよい大きさの貝をさがすため。
(4) やくそくだから。
(5) 買ってもらったあみとバケツを早くつかいたいから。

どのように・なぜ　おさらい　〔P38〕

(1) 海にすんでいるところ。
(2) およぎにがにが手だから。
(3) あおむけにうかんだまま（のしせい）。
(4) 子どももおなかにのせてそだてること。
(5) フワフワな毛が生えていて、
その毛の間に空気が入ると、
うきやすくなるから。
(6) （こんぶなどの）
大きな海そうに体をまきつけています。

カタツムリが見たいなら　〔P39〕

(1) えさをもとめるため。
(2) やわらかいわかばや木のめ
(3) それから
(4) 木のはや草のねもとにかくれています。
(5) 海にすむ貝のなかま
(6) （もともと海にすむ貝のなかまで）かんそうに弱いから。

コアラの赤ちゃん　〔P40〕

(1) 赤ちゃんをおんぶして子もりするから。
顔がクマににているから。
(2) 大きさ　小ゆびより小さい大きさ
のむもの　母親のおちち
(3) メスのおなか
(4) 食べものがユーカリのはだけだから。
(5) つかみやすい形のつめ
力の強い前後の足

ヒョウのかり〔P41〕

(1) クロヒョウ
ユキヒョウ
アフリカヒョウ

(2) 草原にすむ、黄色のヒョウ。

(3) （けものから鳥、魚、虫など）大小の生きもの

(4) 木の上でのまちぶせ

(5) 足　太くみじかい
しっぽ　長い

(6) えものを木の上まで引き上げて、ほかのどうぶつにうばわれないようにするため。

(1)は、文をよく見てこたえよう。にた名まえもあるから気をつけて！

シオマネキがよんでいるのは？〔P42〕

(1) あたたかい地方の海べのすなはまに
あなをほってすんでいる。

(2) どろの中にいる小さなエビやカニ

(3) こうらほどもある
大きなハサミ。

(4) メスをよぶため（にふる）。

(5) 「しおが早くみちてくるように」と手をふっているように見えたから。

クロスワード！〔P43〕

1

ほ	お	づ	え
う	り	■	き
た	■	さ	い
い	ん	か	ん

2

た	い	や	き
け	ち	■	ゅ
の	■	く	う
こ	う	も	り

ムササビの大かっ空〔P44〕

(1) 夕やみがせまるころ

(2) せの高い木が多い場しょ

(3) 前足と後ろ足の間のひまく

(4) ひまくをいっぱい広げてグライダーのようにとびます。

(5) ・しっぽを左右にうごかし、
たくみに方こうをかえる。
・一気に一二〇メートルもとぶ。

(6) 東の空がうっすら明るくなるころ

ヤドカリのやどさがし〔P45〕

(1) 大きな貝がら

(2) エビ

(3) 貝がらの中

(4) 体がとてもやわらかいこと。

(5) エビやカニは　かたいこうら
ヤドカリは　貝のじょうぶなから

(6) けれど

(7) かりものの貝がらは体が大きくなるときゅうくつになるから。

ペリカンの魚のとり方〔P46〕

(1) あたたかい南の国の池やぬま

(2) 三メートル

(3) くちばしはとても長く、下くちばしがふくろのようになっている

(4) ・まず、十羽くらいでUの字の形にならぶ。
・つぎに、くちばしや羽でいっせいに音を立て、魚をあさせにおい立てる。
・さいごに、ふくろつきの下くちばしですくいとり魚だけを上手に食べる。

(5) 人間があみで魚をすくいとるようだ。

こん虫のへんそう〔P47〕

(1) そのこん虫がすむ場しょ

(2) 石やすなの色

(3) 空からおそってくる鳥

(4) ㊀　だから　㋔　しかし

(5) てきからみをかくすため。

(6) ほかのこん虫をつかまえやすくするため。

ミツバチダンスは、合図のダンス〔P48〕

(1) よくはたらく

(2) 目としょっ角

(3) ・みつは、ストローのような口をのばしてすう。
・花ふんは、足でダンゴにし、後ろ足の毛につける。

(4) みつはみつのへやに、花ふんダンゴは花ふんダンゴのへやにつめこむこと。

(5) ミツバチダンス

(6) ほかのミツバチに、自分が見つけた花の場しょを知らせる合図。

タンポポのちえってすごい！〔P49〕

(1) くきもはっぱも、地めんにぺったり。
(2) はっぱの数もふえ、つぼみをつけた。
(3) つぼみが黄色い花をさかせたあと
(4) できるだけ体を休めて、たくさんのえいようをたくわえている。
(5) くきがおき上がり、前より一だんと高くのびてわた毛をつけた。
(6) 父といっしょにとばした
わた毛がふわふわと
とんでいくようす。

日光のうばいあい〔P50〕

(1) どうぶつ　ほかのどうぶつや草、水
しょくぶつ　土からのえいよう、日光、水
(2) 自分でえいようを作るため。
(3) 土からすいあげている
(4) それから
(5) まわりのしょくぶつにまきついて、その上に自分のはっぱを広げる。
(6) 日光のうばいあい

だるまさんがころんだ〔P51〕

(1) おに
(2) 少しずつおにに近づく。
(3) おにがこちらをふりむいたら
(4) かけ声のリズムをかえて、きゅうにふりむく。
(5) おにと手をつなぐ
(6) ・すかさずストップとさけぶ。
・おにが三歩すすんで、だれかにタッチする。

工じげん場ではたらく車〔P52〕

(1) ① ブルドーザー
② ショベルカー
③ ダンプカー
④ ミキサー車
(2) ①
(3) そして
(4) に台におもい土や石をのせる
目てき地にはこぶ
(5) コンクリートがかたまらないようにするため。
(6) 道ろやはし、トンネルなど

ぼくがつくられるまで〔P53〕

(1) みんな白いふくをきている。白いぼうし、長ぐつをはいている。
(2) 工場をせいけつにするため。
(3) パン
(4) （３）きじをふくらませる。
（５）オーブンでやく。
（２）小麦こにさとうやバターなどをまぜ、ねる。
（１）トラックが小麦こをはこんでくる。
（４）同じ大きさに切る。
（６）ふくろに入れて、はこづめする。

へんしんかげえ人形〔P54〕

(1) ○がつくもの
わりばし　テープ　はさみ　あつ紙
(2) ① ㋑　④ ㋐
② ㋒　⑤ ㋔
③ ㋓
(3) 色セロハンをはりつけたところ
（目などを、切りぬいたところ）

⑵は、文を見てイラストをえらぶよ。
イラストが何をしているか、よく見てえらぼう！

お手つだいの日〔P55〕

(1) 母のたん生日
(2) いつもあらいものなどをしてくれているので手があれているから。
(3) おゆはぬいてあること
体そうズボンにきがえたこと
(4) キュッキュッと、音がしました。
(5) ピカピカになりました。
(6) 母

さとしさんをさがせ！〔P56〕

1 ㋑
2 ㋐ 左　㋑ 左
① 図書かん　② 歩道きょう
③ ケーキ　④ えき前

人の兄弟のようにくらすゾウ 〔P57〕

(1) 東南アジアのミャンマー
(2) 道がひらかれていなくて、自どう車などが入れない場しょがあったから。
(3) 兄弟のようになかよし
(4) けわしい森や道でも、おもさ二トンもの大きな丸太をもち、あちこちうごき回ることができます。
(5) いっしょに森の中でのんびり（すごす。）
(6) あん心しているしょうこ

ネコとことわざ 〔P58〕

(1) いつもとちがっておとなしくなっているとき。
(2) 家にすみついてネズミをとるため。
(3) ところが
(4) ネコでもいいから手つだってほしいと思うほどいそがしいとき。
(5) この
(6) みぢかなどうぶつだった

王さまとくつや 〔P59〕

(1) こじきのようなようす
(2) だれが　くつやのおじいさん
どのように　せっせと
(3) そのほうはなんという名前か
(4) ぶっきらぼう
(5) ㋒
(6) おじいさんにやさしくたのみました。

赤いろうそく 〔P60〕

(1) 里（のほう）
(2) 赤いろうそくは、たくさんあるものではないから。
(3) どこへ　山へ
どのように　だいじに
(4) 山のどうぶつたちは、花火などというものを一ども見たことがなかったから。
(5) ㋑

聞き耳頭きん 〔P61〕

(1) 古びた頭きん
(2) （子ギツネのかわりに）木のみをとってやったおれい。
(3) いろいろなどうぶつの話し声がわかって楽しめるようになった。
(4) 長じゃのむすめのびょう気がクスノキのたたりだということ。
(5) くらにねとまりして、クスノキの話を聞きました。
(6) くらをどかす

おむすびころりん 〔P62〕

(1) しばかり
(2) おむすびのつつみ
(3) すると
(4) あなをのぞいてみた
(5) 楽しい声が聞こえてきたから。
(6) まい日、おむすびをおとしてやった。
(7) たくさんの小ばん

ウナギのにおい代 〔P63〕

(1) （ウナギの）かばやきのにおいでめしを食べること
(2) においだいをもらいに行きました。
(3) ①
(4) 八〇文
(5) （八〇文の）お金
(6) においのおだいは、お金の音ではらおう。お金をうけとったつもりで帰りな。

うそつき名人 〔P64〕

(1) あまりに上手にうそをつくから。
(2) うそつき名人
(3) すると
(4) 『うそつきぶくろ』を今日は家においてきたから。
(5) 『うそつきぶくろ』などありません。
(6) みごとにうそをついたから。

読解習熟プリント　小学２年生　大判サイズ

2021年４月20日　発行

著　者　宮崎　彰嗣

発行者　面屋　洋

企　画　フォーラム・A

発行所　清 風 堂 書 店

〒530-0057　大阪市北区曽根崎２-11-16

TEL 06-6316-1460／FAX 06-6365-5607

振 替　00920-6-119910

制作編集担当　田邉　光喜　☆☆

表紙デザイン　ウエナカデザイン事務所　1122

※乱丁・落丁本はおとりかえいたします。